Eine Bildhauerin, die auf die eigenen Werke schießt, eine
Musikerin, die ihr Publikum beschimpft, eine Fotografin,
die die Geschlechter vermengt, ein Model, das mit den
abendländischen Schönheitsidealen bricht, eine Dichterin,
die vorgibt, im alten Ägypten zu leben, eine Anthropologin,
die sich für den Weißen verbotene afrikanische Mysterien
interessiert. Die Frauen dieses Buches sind durchweg »böse
Mädchen«. Mit ihrem Gefühlsleben, ihren sexuellen Vorlieben,
ihrer Denk- und Schaffensweise, ihrem Schönheitsverständnis,
ihrer Art, sich zu kleiden und Klartext zu reden, haben sie im
Lauf des 20. Jahrhunderts für Skandale gesorgt, deren Nachhall
bis heute nicht verklungen ist.

Tallulah Bankhead, Louise Bourgeois, Pearl S. Buck, Lydia Cabrera,
Claude Cahun, Marguerite Duras, Elsa von Freytag-Loringhoven,
Tove Jansson, Toto Koopman, Else Lasker-Schüler, Clarice Lispector,
Mina Loy, Grace Metalious, Nahui Olin, Jean Rhys, Niki de Saint
Phalle, Albertine Sarrazin, Annemarie Schwarzenbach, Nina Simone,
Violet Trefusis.

CRISTINA DE STEFANO ist Journalistin und Autorin. Sie lebt in Paris
und arbeitet als Literaturscout für große Verlage auf der ganzen
Welt. Für ihre Biographie über die 2006 verstorbene italienische
Journalistin Oriana Fallaci erhielt sie große Anerkennung.

Cristina De Stefano

SKANDALÖS

Das Leben freier Frauen

*Aus dem Italienischen
von Franziska Kristen*

btb

Die italienische Originalausgabe erschien 2017
unter dem Titel »Scandalose. Vite di donne libere«
bei Rizzoli Libri S. p. A., Mailand.

Sollte diese Publikation Links auf Webseiten Dritter enthalten,
so übernehmen wir für deren Inhalte keine Haftung,
da wir uns diese nicht zu eigen machen, sondern lediglich auf
deren Stand zum Zeitpunkt der Erstveröffentlichung verweisen.

Dieses Buch ist auch als E-Book erhältlich.

Verlagsgruppe Random House FSC® N001967

1. Auflage
Deutsche Erstveröffentlichung Februar 2020
Copyright © der Originalausgabe 2017 by Cristina De Stefano
Copyright © der deutschsprachigen Ausgabe 2019 by btb Verlag
in der Verlagsgruppe Random House GmbH,
Neumarkter Str. 28, 81673 München
Published by arrangement with Agenzia Santachiara
Umschlaggestaltung: semper smile, München
Umschlagmotiv: © Getty Images/Hulton Archive, Jack Robinson,
Lipnitzki/Roger Violet, LE TELLIER Philippe
Satz: Uhl + Massopust, Aalen
Druck und Einband: GGP Media GmbH, Pößneck
SL · Herstellung: sc
Printed in Germany
ISBN 978-3-442-71804-7

www.btb-verlag.de
www.facebook.com/btbverlag

Mina Loy

»Komm zu mir / Da ist etwas / Das ich dir sagen muss / und ich kann es nicht sagen«, schreibt sie. Aber auch: »Schwein Amor, sein rosiger Rüssel / wühlt im erotischen Müll.« Sie ist eine der großen Vertreterinnen der modernistischen Literatur, sie spricht von Liebe und Sperma, von Sternennächten und Schleimhäuten, von Speichel und sauren Ausdünstungen und schockiert damit den braven Bürger. Gegen Männer zieht sie mit der Waffe der Ironie zu Felde, sie spottet über ihre Aufgeblasenheit und ihre *Marriage boxes,* die »Eheschachteln«, in die man sie zwängen will. Sie erfindet die moderne Frau, auch wenn es ihr selbst nicht immer gelingt, diese zu verkörpern, und ohne sich zu scheuen, zahlt sie ihren Preis dafür, lässt sich in all ihrer Widersprüchlichkeit vom Schicksal leiten. Sie sieht umwerfend gut aus, ist weltgewandt und zartbesaitet; sie hat zwei Ehemänner, vier Kinder und zahlreiche Talente, von denen sie mit der Freigiebigkeit einer Königin Gebrauch macht: zunächst als Malerin, dann als Dichterin und schließlich als Designerin kleiner kunstvoller Objekte, mit denen sie hätte reich werden können, stattdessen jedoch – wie stets in ihrem Leben – auch diesmal auf ganzer Linie scheitert.

1882 kommt sie unter dem Namen Mina Gertrude Lowy in London zur Welt. Ihre Eltern könnten unterschiedlicher kaum sein: er, ein aus Ungarn stammender jüdischer Kaufmann mit einer Künstlerseele; sie, eine schlichte, streng religiöse, zur Rettung ihrer Ehre in die Ehe gezwungene Frau. Mit 18 Jahren kann sich Mina dank der Kunst dem Elternhaus entziehen und den Vater davon überzeugen, sie im Ausland studieren zu lassen: 1901 zunächst in München und anschließend 1902 in Paris. Rasch entwickelt sie sich zu einer betörend schönen jungen Frau, die, Tonpfeife rauchend, stets purpurrote Kleider und riesige, von ihr selbst entworfene und genähte Hüte trägt.

Mit 23 Jahren debütiert sie erfolgreich im Salon d'Automne in Paris, doch dann holt sie ihr Schicksal als Frau ein. Von ihrem ersten Liebhaber – dem kleinen, wenig selbstbewussten Stephen Haweis, einem angehenden Maler wie sie – wird sie schwanger und heiratet ihn, um der Schande zu entgehen, obwohl sie nicht im Geringsten verliebt in ihn ist und ihn stets nur »den Zwerg« nennen wird. Der Vater gewährt ihr eine bescheidene finanzielle Unterstützung, der Ehemann nimmt sie, einer Trophäe gleich, überall hin mit und wird nicht müde, sie zu fotografieren: seine zauberhaft schöne Gattin mit dem langen dunklen, zu einem lockeren Knoten gesteckten Haar und den von der Schwangerschaft gerundeten Formen.

Nach einer äußerst schwierigen Geburt – die sie zu dem Gedicht *Parturition* animiert – ist sie ein Jahr lang glückliche Mutter eines entzückenden Mädchens, bis die Kleine an Meningitis stirbt und sie fast wahnsinnig vor Schmerz zurücklässt. Als sie sich in den Arzt, der sie heilt, verliebt und von ihm schon bald ein weiteres Kind erwartet, bricht es ihr erneut das Herz. Der Geliebte ist bereits mit einer anderen Frau verlobt. Um den Rivalen fernzuhalten, erklärt ihr Ehemann sich bereit, das Kind als sein eigenes anzuerkennen, unter der Bedingung, dass sie mit ihm nach Italien zieht.

In Florenz, das ihr von Anfang an verhasst ist – es ist ihr zu klein und zu klatschsüchtig und voller englischer Ladys –, kommen die außerehelich gezeugte Tochter Joella und wenig später John zur Welt. Ihr Mann hält sie im Haus gefangen, bedroht sie mit der Pistole. Sie fühlt sich wie ein »Einsiedlerkrebs« und beginnt, verrückte Gedichte zu schreiben, wobei sie Versmaß und Reime über den Haufen wirft. Einige Jahre später wird Mabel Dodge, eine reiche Amerikanerin auf Tournee, sie erlösen. Sie verspricht Mina, dass sie ihr bei der Scheidung von ihrem Mann, der immer öfters auf den Spuren von Gauguin im Pazifik unterwegs ist, beisteht, und lädt sie zu sich nach New York ein, nachdem sie die Kinder bei einer italienischen Gouvernante untergebracht hat.

Als Mina Loy 1916 nach New York kommt, steht sie kurz vor dem Durchbruch. Ihre Gedichte erregen großes Aufsehen. Die Männer liegen ihr zu Füßen, bezaubert von ihrem mit rotem Chiffon eingerahmten Dekolleté. Ihre Lesungen sind stets restlos ausverkauft. Man Ray fotografiert sie, Duchamp bittet sie, für seine Gemälde Modell zu stehen. Eigentlich glaubt sie nicht mehr an die Liebe, schreibt über sie als etwas, das ohnehin niemals eintreten wird, doch dann begegnet ihr Arthur Cravan, und sie gibt sich ein weiteres Mal ihrem wechselhaften Schicksal hin.

Cravan ist eine Naturgewalt. Der Boxer, Skandaldichter und stolze Neffe von Oscar Wilde hatte zuvor in Paris eine avantgardistische Zeitschrift gegründet, die er mit einem Handkarren in den Buchhandlungen verteilte. Den Saum seiner Hemden hat er farblich gestaltet, indem er sich bei Delaunay auf den Maltisch setzte. Er entzieht sich dem Wehrdienst und dem Krieg, ist ein ungehobelter Riese, der zu viel trinkt, lautstarke Zoten reißt und immer wieder hinter Gittern landet. Er hat kein Geld, keine eigene Wohnung, er schläft in den Betten seiner jeweiligen Geliebten oder in öffentlichen Parks, aber kaum lernt er Mina Loy kennen, macht er ihr einen Heiratsantrag: »Du solltest mit mir in ein Taxi ziehen. Wir könnten eine Katze halten«, raunt er ihr zu.

Die gemeinsamen Freunde sind aufrichtig erstaunt über das Glück ihrer unglaublichen Verbindung: er, fünf Jahre jünger und von Verehrerinnen umringt – doch »die anderen Frauen sind wie Butter«, sagt er –, sie, in Erwartung der Scheidung und mit zwei in Italien zurückgelassenen Kindern. Ihre Tage verbringen sie im Bett oder mit Streifzügen durch die Museen. »Unser gemeinsames Leben bestand darin, Hand in Hand durch die Straßen zu schlendern. Es war gleichgültig, was wir taten: ob wir miteinander schliefen, ob wir die Schaufensterauslagen der Lebensmittelgeschäfte betrachteten oder an einer Straßenecke etwas aßen. Wir hatten den Quell der Glückseligkeit gefunden«, erinnert sie sich Jahre später. Von den Behörden wegen der alten Wehrpflichtangelegenheit verfolgt, flüchtet Arthur Cravan ohne Papiere nach Mexiko. Sie folgt ihm wenig später und lässt sich von einem zwielichtigen Priester mit ihm trauen.

In Mexiko sind sie glücklich, nagen jedoch buchstäblich am Hungertuch. »Lass uns gemeinsam in den Freitod gehen«, schlägt er ihr eines Tages vom Hunger geschwächt vor. »Wir dürfen nicht sterben«, wendet sie ein, »wir haben noch nicht alles gesagt.« Ab und zu schickt ein Freund etwas Geld, und hin und wieder nimmt Cravan an einem bezahlten Boxwettkampf teil.

Als ihnen klar wird, dass es so nicht weitergehen kann, hecken sie einen aberwitzigen Plan aus, um das Land zu verlassen: Mina, die gültige Papiere hat, soll mit einem Linienschiff nach Buenos Aires reisen, und Cravan soll ihr auf illegalem Weg folgen. Er richtet ein Boot her, belädt es mit Lebensmitteln und Wasser und sticht dann, nachdem er seine Frau zum Abschied leidenschaftlich geküsst hat, in Puerto Ángel für eine Probefahrt in See. Er kehrt nie zurück. Die vor Kummer fast wahnsinnige Mina wird von einem befreundeten Paar gegen ihren Willen auf ein Schiff verfrachtet und nach England zu ihrer Mutter geschickt, um dort Fabienne, die Tochter, die sie von Cravan erwartet, zur Welt zu bringen.

Mina, davon überzeugt, dass ihr Mann noch am Leben ist und ohne Papiere in irgendeinem finsteren südamerikanischen Gefängnis einsitzt, lässt nichts unversucht, ihn aufzuspüren. Erst nach jahrelanger Suche findet sie sich damit ab, dass sie ihn verloren hat. »Wir hätten miteinander leben können / und sprechen, solange es Sprachen gab / um zu sprechen«, schreibt sie in einem ihrer Gedichte. In Florenz trifft sie nur noch Joella an, da ihr Exmann den Sohn John mit in die Tropen genommen hat, der dort kurz darauf stirbt, ohne sie noch einmal in die Arme schließen zu können.

Nach diesem erneuten Schlag zieht Mina, betäubt vor Schmerz, mit den beiden ihr verbliebenen Töchtern durch Europa. Sie gelangt nach Wien, wo sie Freud porträtiert, dann nach Berlin, wo sie bei Archipenko Design studiert und mit einem geheimnisvollen blutjungen russischen Dichter zusammenlebt, der eines Tages so plötzlich, wie er aufgetaucht ist, wieder verschwindet. Schließlich landet sie in Paris, wo sie mit kunstvoll gestalteten Lampenschirmen zu handeln beginnt. Täglich unternimmt sie lange Streifzüge über den Flohmarkt und beschafft Materialien, die in ihren Händen zu bunten, ungeahnten Kunstobjekten werden und bei der Kundschaft großen Zuspruch sowie reißenden Absatz finden. Peggy

Guggenheim leiht ihr Geld, damit sie expandieren kann, Joella ist ihre Assistentin, und die kleine Fabienne wächst in der Atelierwohnung in Montparnasse zwischen beweglichen, an der blauen Sternendecke befestigten Pappwänden, Türen aus schimmerndem Glas, Fenstern aus farbigem Cellophan und kleinen Käfigen voller bunt gefiederter Vögel frei wie eine Wilde auf.

Mina setzt ihre Arbeit auch fort, nachdem sie Joella, die einen reichen Kunsthändler geheiratet hat, in die Vereinigten Staaten gefolgt ist. Unermüdlich schreibt sie ihre Erinnerungen nieder, insbesondere die Erinnerungen an die Zeiten mit Cravan, sie entwirft Globen, Weltkarten, Papiersterne, lässt sich ein Spiel zum Erlernen des Alphabets und eine Puppe, die echte Tränen weint, patentieren. Junge Verehrer zollen ihr Bewunderung, so etwa Henry Miller, der oft bei ihr zum Abendessen vorbeischaut, oder Joseph Cornell, der Dichter mit den Schachteln, der sie während ihrer Streifzüge auf der Jagd nach Materialien begleitet.

Sie verbirgt ihren Schmerz hinter provokanten Gedichten, wie dem bekannten *The Widow's Jazz*. 1966 stirbt sie unerwartet, nachdem sie dem Altwerden längst schon schonungslos die Stirn geboten hat: »Gehüllt in Lumpen der Erinnerung / dürftig selbst für ein Skelett / Verziert mit unvorhergesehenem Riss / geblümter Baumwolle / schimmert die Hälfte ihres schwarzen Rockes / wie ein fleckiger Spiegel; / reflektiert den Schmutz – / ein Yard Velourchiffon«.

Lydia Cabrera

»An einem schwülen Sommertag vor grauen Jahren erhob sich die Jungfer Dingadingá am Mittag von ihrem Lager, suchte ihren Vater auf, der König war, und verkündete ihm: ›Papa König, ich will heiraten.‹« Es ist der Frühling des Jahres 1934. Lydia Cabrera ist jung, kultiviert, und ihre Eleganz zeugt von vergangenen Zeiten. Sie stammt aus einer der reichsten Familien Kubas, lebt jedoch seit Jahren in Europa: in Paris, Rom, Madrid. Ihre Lebensgefährtin, die venezolanische Schriftstellerin Teresa de la Parra, erkrankt tödlich an Tuberkulose, ohne dass die renommiertesten Ärzte und die besten Sanatorien etwas dagegen auszurichten vermögen. Um sie zu zerstreuen, schreibt Lydia für sie ihr erstes Buch, *Cuentos Negros de Cuba*, alte überlieferte Geschichten, von denen sie einst durch die Lieder der zahlreichen afrikanischen Bediensteten in dem großen Haus ihrer Kindheit gehört hat.

Damals nahm ihre Schriftstellerlaufbahn ihren Anfang, wobei sie es noch weit bringen sollte. Heute kennt jeder an afroamerikanischen Religionen interessierte Anthropologe ihre Bücher, insbesondere *El Monte,* eine Sammlung mit Glaubensvorstellungen von Schwarzen, die in einer gänzlich eigenen Sprache, einem mit zahlreichen afrikanischen Ausdrücken gespickten Spanisch, verfasst sind. Als dieses Buch 1954 erscheint, rümpfen in Kuba viele die Nase: Es schickt sich nicht, dass eine weiße Frau sich mit solchen Themen befasst. Aber Lydia Cabrera hat sich noch nie um Konventionen geschert. 1899 kommt sie als Tochter eines bekannten Anwalts, Journalisten und Politikers in einer der bedeutendsten kreolischen Adelsfamilien Havannas zur Welt. Als jüngstes von acht Kindern wird sie besonders umsorgt und verhätschelt und genießt das Privileg einer unbeschwerten und freien Kindheit. Sie setzt sich in den Kopf, ein Musketier zu sein, also schenkt der Vater ihr ein Schwert; sie will Journalistin werden, also vertraut er ihr, trotz ihres jugendlichen Alters, eine Rubrik in einer seiner Zeitschriften an; sie will die Welt kennenlernen, also nimmt er sie überallhin mit auf Reisen und abends auch in die Literaturcafés der Stadt.

Zwar muss sich Lydia eine Pistole an die Schläfe setzen, ehe der Vater einwilligt, sie in Paris studieren zu lassen, aber 1927 kann sie endlich aufbrechen. An der Académie Moderne studiert sie unter Leitung von Fernard Léger Malerei, legt ihr Diplom an der École du Louvre ab und malt mit Feuereifer in ihrem Atelier in Montmartre. Paris bedeutet für sie Freiheit und Künstlerdasein, auch wenn ihre Kleider durchweg Modelle von Lavin sind. Vor allem aber bedeutet es ein Leben mit der wunderschönen, zehn Jahre älteren venezolanischen Schriftstellerin Teresa de la Parra, die für Schlagzeilen sorgt, weil sie in einem ihrer Romane die Lebensbedingungen der Frauen in Südamerika angeprangert hat. Unter dem Einfluss der an indigenen Kulturen interessierten Künstler besinnt sich Lydia am Ufer der Seine erneut auf Kuba. Sie schreibt ihre ersten *Cuentos Negros*, die *Schwarzen Geschichten aus Kuba*, für die sie aus ihrem Erinnerungsschatz schöpft und die sie in Literaturzeitschriften veröffentlicht, bis das Verlagshaus Gallimard sie 1936 in einem Sammelband herausgibt.

Die Liebe zwischen ihr und Teresa bleibt stets ungetrübt, aber als die Gefährtin stirbt, vernichtet Lydia all ihre Gemälde, bis auf zwei, die sie der Portiersfrau schenkt, und kehrt 1938 zurück nach Kuba.

In der Heimat findet Lydia eine neue Partnerin, die junge, von kubanischen Bräuchen begeisterte Historikerin María Teresa de Rojas, mit der sie gemeinsam eine große Villa im Kolonialstil, die Quinta San José, erwirbt und herrichtet, um sich fortan ihrer neuen Leidenschaft, dem Studium der lokalen Volkskunde, zu widmen. Sie sucht erneut den Kontakt zu Schwarzen – dem anderen Gesicht Kubas –, wie bereits als Kind zum Gärtner, dem Kindermädchen und der Köchin mit ihren lächelnden, ebenholzfarbenen runden Gesichtern über den schneeweißen Dienstbotenkleidern. Sie interessiert sich für ihre Bräuche, ihren Glauben, ihre geheimen, für Nicht-Initiierte verbotenen Rituale. Sie erkundet jeden Winkel der Insel, erlernt Yoruba und hört allen mit außergewöhnlicher Geduld zu.

Da Lydia als Frau und als Weiße keinen Zugang zu den örtlichen Geheimbündnissen hat, bedient sie sich eines Netzwerks indigener Informanten, die sie besuchen kommen und ganze Nachmittage lang bleiben, reden oder sich – verschrobenen, uralten Königen in der Verbannung gleich – in Schweigen hüllen. Sie weiß, wie sie sie zu nehmen hat. »Es braucht Zeit, um ihre beschönigenden Umschreibungen und ihren Glauben an die magische Kraft der Sprache zu verstehen«, erklärt sie. »Es gibt Dinge, die niemals klar ausgesprochen werden dürfen, man muss ihre Denkweise erlernen, muss sich auf ihre Launen einlassen, auf ihre Widersprüchlichkeit, ihre Befindlichkeiten, sich auf ihr Zeitempfinden, ihre schreckliche Ungenauigkeit und Langsamkeit einlassen. Man muss hartnäckig, klug und vor allem geduldig sein. Wenn wir zum Beispiel erfahren wollen, weshalb die Göttin Nanà kein Messer aus Metall, sondern eines aus Bambus haben will, müssen wir uns damit abfinden, dass man uns die Geschichte vom Regen machenden Wurm oder von der Spinne erzählt, die sich ihr Körperhaar versengt. Wenn wir zwei oder drei Monate oder auch ein ganzes Jahr später wieder auf die Frage zurückkommen, wird man uns endlich verraten, was es mit dem Eisen auf sich hat.«

In ihrer Heimat veröffentlicht sie die *Cuentos Negros,* die 1940 auf Spanisch erscheinen und denen 1948 ein weiterer Band folgt. In erster Linie schreibt sie anthropologische Bücher. Lydia interessiert sich für alles: für die Sprache, die Pflanzen- und Tierkunde, die Initiationsriten, den Aberglauben, für die Symbole, Tänze, die Medizin und Magie. Innerhalb weniger Jahre wird sie berühmt. Obwohl sie niemals Ethnologie studiert hat, legt sie ihren Universitätsabschluss auf diesem Gebiet ab und leistet eine Arbeit, die für die Kenntnis der kubanischen Santería – jener aus der Begegnung zwischen europäisch geprägtem Christentum und afrikanisch verwurzelten Glaubenselementen erwachsenen Religion – noch heute von grundlegender Bedeutung ist. Sie vermag es, das lokale Brauchtum literarisch zu erfassen und dabei eine ihr eigene Sprache und Vorstellungskraft zu entfalten. Lydia meidet das Rampenlicht und bezeichnet ihre Bücher als schlichte »Transpositionen«, aber ihre Erzählweise hat nichts mit bloßer anthropologischer Aneinanderreihung zu tun. Für die aus Afrika stammenden einstigen Sklaven hegt sie eine unumstößliche Leidenschaft. »Sie tanzen, wenn sie geboren werden, sie tanzen, wenn sie sterben, und sie tanzen, wenn sie töten. So feiern sie jeden Augenblick ihres Daseins.«

Fidel Castros Revolution bereitet ihrer Feldforschung ein

jähes Ende. Lydia ist gegen die Träume des Kommunismus bereits gefeit. Als enge Freundin der russischen Malerin Alexandra Exter war sie in Paris in Kontakt mit Sowjetbürgern gekommen, die den russischen Exilanten hinter vorgehaltener Hand rieten: »Kehrt bloß nicht ins Vaterland zurück. Dort ist es grauenvoll.« Kaum ein Jahr nach der Machtergreifung Castros verlässt sie 1960 gemeinsam mit María Teresa das Land. Das Regime, das ihr den Ruhm nicht gönnt, zerstört die Villa Quinta San José und wirft ihre wertvolle ethnografische Sammlung buchstäblich auf die Straße, um sie Plünderern zu überlassen.

Lydia zieht in eine kleine Wohnung in Miami. Lediglich ihre Notizen hat sie mitgenommen und einen Teil des Familienschmucks, wodurch sie sich einige Jahre lang über Wasser halten kann. Würde sie als Santería-Heilerin arbeiten, könnte sie recht gut verdienen, aber sie will sich ihr immenses rituelles Wissen nicht bezahlen lassen. Unermüdlich verfasst sie weitere ethnografische Bücher und verlegt sie in ihrem eigenen Verlag, den sie – nach einer für die kubanischen Santería-Zeremonien typischen kleinen magischen Zedernholzpuppe – Chicherikú getauft hat. Hin und wieder veröffentlicht sie Romane, vermischt darin Gehörtes mit frei Erfundenem zu einem faszinierenden Fluss, in dem sich alles miteinander vermengt: »Worte sind Blüten, die Früchte, die wiederum Taten sind«, sagt sie. Und wer sie fragt, was sie in ihren Erzählungen vor Ort gehört und was sie erdichtet hat, dem gesteht sie: »Das weiß ich selbst nie.«

Lydia erhält zahlreiche Ehrentitel, unter anderem von der Universität Miami, der sie ihre unschätzbare Materialsammlung hinterlässt. Geistreich und gewandt, doch niemals überheblich, sinniert sie über die Schönheit des Nichtwissens, über das, was sie seit Jahrzehnten unermüdlich zu begreifen sucht: »Es ist wunderbar, unwissend zu sein. Der Unwissenheit ist eine besondere Frische eigen.« Der Besucherfluss ihrer Bewunderer ebbt niemals ab. 1991 stirbt sie, hochbetagt. Die anwesenden Personen hören sie murmeln: »Havanna... Havanna.« »Lydia, denken Sie an Havanna?«, fragt man sie. »Nein«, erwidert sie lächelnd, »ich bin bereits da.«

Nina Simone

Noch heißt sie Eunice Kathleen Waymon und ist erst zehn Jahre alt. In gestärktem weißen Kleidchen, das Kraushaar zu einem strengen Zopf gebunden, sitzt sie reglos vor dem Klavier und wartet auf ihren Auftritt. Ihr Ruf eines Wunderkindes hat wie stets viele Zuhörer angelockt. Die Eltern sitzen in der ersten Reihe, doch plötzlich fordert der Platzanweiser die beiden auf, sich weiter hinten hinzusetzen und ihre Plätze einem weißen Paar zu überlassen. Wir befinden uns in den Vereinigten Staaten der 1940er-Jahre, als Schwarze noch Bürger zweiter Klasse sind. Während im Saal vollkommene Stille herrscht, schließt Eunice den Deckel des Klaviers, erhebt sich, verschränkt die Hände hinter dem Rücken und erklärt mit fester Stimme, dass sie nicht spielen wird, solange ihre Eltern nicht den Platz in der ersten Reihe zurückbekommen.

Diese Szene birgt das gesamte Leben Nina Simones, dieser großen Musikerin, Sängerin und sich ihrer schwarzen Hautfarbe bewussten, wütenden Frau. In ihren Adern floss das Blut verschleppter afrikanischer Sklaven und massakrierter Indianerkrieger, und im Namen eben dieser sollte sie sich dem Kampf gegen Rassismus verschreiben. Sie war eine unbequeme Künstlerin, die ihre Konzerte allen im Saal anwesenden Schwarzen widmete und die gewaltsamen Methoden der Black

Panther Party guthieß. Viele Plattenfirmen lehnten sie wegen ihrer zu politischen Songs ab, und ihr Leben glich eher einem Sturm als einer Musikerlaufbahn.

Dennoch begann alles mit den klassischen Werken von Bach und Mozart. 1933 in North Carolina als Tochter einer armen, aber sehr musikalischen Familie geboren, legt sie bereits im Alter von drei Jahren eine frühzeitige Begabung für das Klavierspiel an den Tag. Ein Geschenk Gottes, wie die Mutter, eine der einflussreichsten Köpfe der örtlichen Methodistenkirche, meint. Die Eltern haben kein Geld für eine Ausbildung, doch zunächst setzt sich ein wohlhabendes weißes Ehepaar und später die gesamte kleine Stadt für sie ein, und die Eunice-Waymon-Stiftung wird gegründet. Das Ziel ist ehrgeizig: Sie soll die erste schwarze Klassikpianistin der Geschichte werden.

Eunice übt, übt, übt. Sie verzichtet sogar auf die große Liebe ihres Lebens, einen jungen Cherokee-Indianer, um ihre Ausbildung in New York fortzusetzen und sich auf die Aufnahmeprüfung für eines der angesehensten Konservatorien der Vereinigten Staaten, das Curtis Institute of Music in Philadelphia, vorzubereiten. Ihr Aufnahmegesuch wird abgewiesen. Sie ist sich sicher, dass es an ihrer Hautfarbe liegt, und das wird sie für immer verändern.

Sie kehrt nicht mehr zurück in ihre kleine Heimatstadt, wo alle auf ihre Zukunft gesetzt haben. Nachdem sie sich den Künstlernamen Nina Simone zugelegt hat, damit sie von ihrer Familie, die ihre Hinwendung zur Unterhaltungsmusik missbilligen würde, unentdeckt bleibt, beginnt sie in einer Bar in Atlantic City als Pianistin zu arbeiten. Eines Tages verlangt der Barbetreiber, sie solle singen, und als sie protestiert – »Aber ich bin Pianistin!« –, nimmt er nur lässig die Zigarre aus dem

Mund und erwidert: »Morgen Abend wirst du auch singen, andernfalls bist du deinen Job los.« So entdeckt Nina Simone, dass sie eine wunderbare Stimme hat, mit der sie in einschlägigen Kreisen die Aufmerksamkeit auf sich zieht.

Schon bald wird sie zu einem Auftritt nach New York eingeladen. Eine Plattenfirma bietet ihr einen Vertrag an. 1958 erscheint ihr erstes Album *Little Girl Blue*, das sich sehr gut verkauft, ihr aber nicht allzu viel einbringt, da sie der Firma, in Unkenntnis der Regeln, alle Rechte für ein paar Tausend Dollar überlassen hat. Nina Simone ist plötzlich ein Star, ohne recht zu begreifen, was vor sich geht. In ihrer Verwirrung heiratet sie sogar einen Weißen, Don Ross, einen Beatnik und Trinker, an dessen Seite sie es nicht einmal ein Jahr lang aushält. Schon bald taucht der zweite Ehemann auf: Andy Stroud, ein schwarzer Polizist, bereits dreimal geschieden und mit einem üblen Hang zur Gewalt gegen Frauen, der ihr Manager wird und ihrer stürmischen Karriere einige Jahre lang den Anschein von Ordnung zu verleihen vermag.

Nina Simone ist eine äußerst produktive Songwriterin, die in einem atemberaubenden Tempo komponiert, aber sehr viel Zeit durch Streitereien mit Plattenfirmen und Agenten, ja sogar mit ihrem Publikum vergeudet. Auch aus musikalischer Sicht lässt sie sich schwer einordnen. Als Journalisten sie als Jazzsängerin bezeichnen, reagiert sie empört: »Damit wollen sie nur meine Klassikausbildung ignorieren, denn das passt nicht in das Bild, das Weiße von schwarzen Musikern haben«, und als man sie in einem Atemzug mit Billie Holiday nennt, wird sie richtig wütend: »Sie vergleichen mich bloß deshalb mit ihr, weil wir beide schwarz sind, niemand würde mich jemals mit Maria Callas vergleichen.« Wenn sie ihre Kunst beschreiben soll, spricht sie am liebsten von schwarzer

Klassik. Sie spielt Jazz, Soul, Folk, aber auch Gospels und klassische Musik. Es kommt vor, dass sie in ein und demselben Konzert Kurt Weill mit Spirituals, Opernstücke mit Bach und aktuelle Poperfolge mit traditionellen afrikanischen Gesängen vermengt.

Vor allem ist sie eine großartige Livesängerin, die ihr Publikum in einer Art kollektiver Trance mitreißt. »Ich kann nicht beschreiben, was ich auf der Bühne tue. Es ist wie Sex«, sagt sie. Sie hat eine magnetische, magische Ausstrahlung, doch gleichzeitig legt sie sich mit jedem an, und schon bald ist sie für ihre Wutausbrüche bekannt. »Ruhe! Wenn ihr nicht ruhig seid, spiel ich nicht länger!«, schreit sie und schmeißt den Klavierdeckel zu, wenn im Saal nicht andächtige Stille herrscht. In der Künstlergarderobe erleidet sie eine Nervenkrise, weil das Publikum nach einem Song verlangt, den sie nicht mag – *My Baby Just Cares for Me* –, und schreit eine geschlagene halbe Stunde lang: »Diese Scheiße singe ich nicht, ich weiß nicht mal mehr den Text!« Ein befreundeter Musiker berichtet: »In den Achtzigerjahren war ich bei einem von Nina Simones Konzerten während des Montreux Jazz Festivals dabei. Irgendwann ist eine Frau aus dem Publikum aufgestanden und wollte zur Toilette gehen. Nina bemerkte es, hörte auf zu spielen, ließ einen Scheinwerfer auf die Frau richten und fragte, wo zum Teufel sie hinwolle. Als die Ärmste verlegen antwortete, sie müsse zur Toilette, befahl sie ihr, sich wieder hinzusetzen und mit dem Pinkeln bis zum Ende des Konzerts zu warten. So war sie.«

»Manchmal drehte sie während eines Konzerts dem Publikum den Rücken zu und hörte auf zu singen«, erinnert sich einer ihrer Bewunderer. »Manchmal spielte sie bloß Klavier. Oder sie fing an, über Politik zu reden. Vor allem in den letzten Jahren kam es vor, dass das Publikum sein Geld zurückverlangte. Sie war bekannt dafür, eine schwierige Künstlerin zu sein, aber ich glaube, es lag an der Wut, die sie in sich trug, und an ihrer Überzeugung, dass schwarze Künstler nicht mit genügend Respekt behandelt und von den Plattenfirmen nicht angemessen bezahlt würden. Sie sang und spielte nur das, wozu sie Lust hatte. Auf der Bühne war sie einzigartig. Eine Königin: Sie sang wie eine Königin, und sie bewegte sich wie eine. Sie hatte eine ihr eigene Vornehmheit, etwas Klassisches und gleichzeitig Afrikanisches an sich.«

Im Lauf der Jahre wird ihre Musik immer politischer. Sie verfolgt alle in den 60er-Jahren aufflammenden Konflikte zwischen Weißen und Schwarzen, unterstützt den mit ihr befreundeten Martin Luther King, sympathisiert jedoch mit der gewalttätigen Black Panther Party. »Ich danke Gott für die Panther«, sagt sie. »Sie haben den jungen Schwarzen gezeigt, dass es über den Weg der Gewaltfreiheit hinaus noch eine weitere Form des Widerstandes gibt, und sie haben viele Weiße, die genau das brauchten, zu Tode erschreckt.« Als 1963 vier schwarze Mädchen in einer Kirche in Alabama durch eine Bombe ums Leben kommen, würde sie am liebsten aus dem Haus rennen und um sich schießen, aber – so hält ihr der Ehemann beschwichtigend vor Augen – sie kennt sich nicht im Geringsten mit Gewehren aus. Damals schreibt sie ihren wütendsten Song, *Mississippi Goddam*, der in vielen US-Bundesstaaten auf dem Index landet.

An dem Tag, an dem Martin Luther King ermordet wird, ist sie außer sich vor Wut. Im Archiv des Montreux Jazz Festivals befindet sich noch immer das Video ihres damaligen Konzerts, das unterbrochen wird, weil sie – unfähig weiterzuspielen – hemmungslos zu schluchzen beginnt. »Niemand hatte den Anstand, die Kameraaufnahmen zu unterbrechen«, erinnert sie sich. Es ist vor allem ihr Ehemann und unbeugsamer Manager Andy Stroud, der auf die Fortsetzung des Konzerts besteht. Nina Simone ist eine Geldmaschine, und er will, dass sie mit voller Kraft weiterläuft.

Am Ende ist es genau das, was zu ihrer Trennung führt. Nina Simone hat es satt, dass sie monatelang auf Tournee ist und ihre 1963 geborene Tochter Lisa vernachlässigen muss, und so verschwindet sie eines Tages ohne ein Wort. Ihr Ziel ist Barbados, wo sie sich fernab von allem eine Auszeit gönnt. Sie will den Ehemann nicht verlassen, sondern ihm nur eine Lektion erteilen. Doch bei ihrer Rückkehr findet sie ein leeres Haus vor. Andy Stroud hat die Scheidung eingereicht und sorgt dafür, dass sie das Ganze teuer zu stehen kommt, denn er hat nach wie vor die Kontrolle über ihre Gagen, und niemand außer ihm weiß, wie groß ihr Vermögen ist. Nach der Scheidung wird Nina Simone nie mehr reich sein, nie mehr einen richtigen Manager haben – was für eine Künstlerin ihres Formats eine echte Katastrophe bedeutet – und wegen vermeintlicher Steuerhinterziehungen für den Rest ihres Lebens mit den amerikanischen Behörden im Streit liegen.

Seit 1973 lebt sie im Ausland. Zunächst in Barbados, später in Liberia, wo sie Afrika für sich entdeckt, das sie fortan als ihre wahre Heimat betrachtet. An Männern mangelt es ihr nie: Manchmal sind es einfache Hotelportiers, manchmal bedeutende Persönlichkeiten wie der Premierminister von Barbados, Errol Walton Barrow, der sie anbetet, sich aber um seiner Karriere willen nicht scheiden lassen will, oder C. C. Dennis, ein umwerfend gut aussehender liberianischer Geschäftsmann – ein »afrikanischer Rhett Buttler«, wie sie ihn definiert –, der sie gleich am ersten Abend mit ein paar auf eine Visitenkarte gekritzelten Worten erobert – »Rühr dich nicht vom Fleck, ich bin in einer Stunde zurück. In Afrika haben die Männer das Sagen. In drei Wochen sind wir verheiratet« –, und der am Ende doch eine andere zur Frau nimmt.

In den 70er-Jahren geht sie nach Europa, um die Tochter auf eine Schweizer Schule zu schicken. Ein einziges Mal, 1985, kehrt sie in die Vereinigten Staaten zurück. Sie lässt sich zu einer Tournee überreden, die sie jedoch, angewidert von dem, was einst ihr Heimatland war, mittendrin abbricht. In den letzten Jahren berichten die Journalisten fast nur noch über ihr sonderbares Verhalten. Wie sie, auf der Jagd nach Männern, in den Bars nackt auf Tischen tanzt. Wie sie in der Überzeugung, ihr verstorbener Vater säße während der Konzerte neben ihr, mit Geistern spricht.

Nach einem langen Kampf gegen den Krebs stirbt sie am 21. April 2003. So wutgeladen, wie sie es immer war. Ihr ganzes Leben lang, tagtäglich aufs Neue. »Das Erste, was ich morgens nach dem Aufstehen sehe, ist mein schwarzes Gesicht im Badezimmerspiegel. Und ebendas bestimmt, was ich für den Rest des Tages denke: dass ich eine Frau mit schwarzer Haut bin und in einem Land lebe, wo das Grund genug sein kann, dass dich jemand tötet.«

Niki de Saint Phalle

Als Niki de Saint Phalle 1930 in New York geboren wird, stehen ihr alle Türen offen. Der Vater, ein französischer Adliger, ist Geschäftsmann an der Wall Street, die blendend aussehende Mutter eine reiche amerikanische Erbin. Im Winter lebt die Familie in den Vereinigten Staaten, im Sommer in Frankreich, um die beiden Lebenswelten bestmöglich auszukosten. In Frankreich – in dem mit Rüstungen und Gemälden vollgestopften Schloss der Großeltern väterlicherseits, wo es von alten, exzentrischen, nackt durch den Park streifenden Onkeln und verschrobenen, schwerhörigen, Tarotkarten legenden Tanten wimmelt – entdeckt sie ihre Vorliebe für das Wundersame.

Niki ist ein sehr fantasievolles, naturverbundenes Kind, das seine Zeit am liebsten mit dem Dienstpersonal verbringt und die überaus schöne, überaus strenge und überaus von ihren weltlichen Verpflichtungen in Anspruch genommene Mutter meidet. Als Erwachsene sagt sie über sie: »Wenn ich sie nicht gerade umbringen wollte, war ich in sie verliebt.« Mit ihren stets aufgeschlagenen Knien ist sie der Wildfang der Familie, der eher die Nähe des Vaters sucht.

1942, Niki ist noch keine zwölf Jahre alt, begeht der Vater ein nicht wiedergutzumachendes Unrecht, etwas, das sie erst ein halbes Jahrhundert später, kurz vor ihrem Tod, in dem Buch *Mon secret* in Worte fassen kann: »Der Sommer der Schlangen war es, als mein Vater, der Bankier, der Aristokrat, sein Geschlecht in meinen Mund steckte.« Niki weiß nicht, wem sie sich anvertrauen soll, sie ist zu jung, um von zu Hause fortzulaufen. Monatelang beißt sie sich auf die Lippen, als wolle sie sich selbst den Mund verbieten, bis die Mutter sie schließlich zu einer Operation nötigen muss, um die von den Zähnen hinterlassenen Spuren zu beseitigen. Sie trägt stets ein Täschchen mit kleinen Messern, Klingen und Spießen bei sich, ein winziges und lächerliches Verteidigungsarsenal, das sie nachts unter ihrer Matratze aufbewahrt.

Innerhalb kurzer Zeit entwickelt sie sich zu einer höchst eigenwilligen Heranwachsenden. Niemand vermag sie mehr zu bändigen. Bei Tisch benimmt sie sich derart daneben, dass sie mit dem Dienstpersonal essen darf, in der Schule verteilt sie, zum Entsetzen der unterrichtenden Ordensschwestern, selbst verfasste erotische Gedichte, während der Messe stellt sie sich den Priester vollkommen nackt vor und bricht in derart unkontrolliertes Gelächter aus, dass man sie hinausführen muss. Sie ist traumatisiert, aber auf geheimnisvolle Weise kommt nach und nach die Frau in ihr zum Vorschein, die sie schließlich sein wird. In der Tat – so schreibt sie Jahre später – schafft die furchtbare Einsamkeit, in die sie sich nach dem Inzest zurückzieht, den Raum zur Entfaltung jenes Innenlebens, das sie eines Tages zur Künstlerin werden lässt. Noch weiß sie nicht, was die Zukunft bringt, aber sie weiß, dass sie keine süße junge Frau wird, die auf einen reichen Ehemann wartet, wie es ihre Familie gern gesehen hätte. Eines Tages, als die Mutter die Dienstboten bei der Umsortierung der Schränke überwacht, schreit sie ihr ins Gesicht: »Niemals werde ich wie du meine Zeit damit vergeuden, Wäschestücke zu zählen.« Und in ihr Tagebuch schreibt sie: »Lauf um dein Leben! Wohin? Bloß weg! Weit weg!«

Rasch wird ihr klar, dass ihre Zukunft in Paris, der Stadt der Katzen und ihrer verrücktesten Verwandten liegt. Sooft sie kann, verbringt sie die Ferien im Haus ihrer Tante Hélène, einer reichen Bohemienne, die ihre neun Kinder in heiterer Unordnung großzieht. Sobald eines von ihnen erkrankt, trommelt sie alle in dem großen Bett zusammen, um ihnen Märchen vorzulesen, und erklärt mit engelsgleicher Miene: »Wenn sie schon krank werden, dann besser gleich alle zusammen.«

In New York arbeitet sie als Model für *Vogue* und *Harper's Bazaar* und träumt von einer Schauspielerkarriere. Als ihr zum ersten Mal Harry Mathews begegnet – ein Querkopf wie sie und Sohn reicher Eltern, die für ihn eine Anwaltslaufbahn vorgesehen haben, während er selbst Dichter werden will –, begreift sie schlagartig, dass sie einen perfekten Gefährten gefunden hat, mit dem sie gemeinsam die Flucht wagen kann. Niki ist 17, Harry nur ein Jahr älter. In aller Eile lassen sie sich standesamtlich trauen, und ein Jahr später kommt ihre Tochter Laura zur Welt. Niki vergöttert sie, weiß aber nicht einmal, wie man sie richtig auf dem Arm hält. Zum Glück erweist sich Harry als äußerst fürsorglicher Vater. Einige Jahre später wird Philip geboren. Mit dem Geld, das ihnen eine von Harrys Großmüttern schenkt, ziehen sie 1952 nach Paris. Beide leben von Rendite, ohne sich Gedanken um die Zukunft zu machen. Niki steht Modell, und Harry schreibt Gedichte.

Über ihr Kindheitstrauma spricht sie nicht. Es ist Harry, der die unter der Matratze versteckten Messer entdeckt und Niki dazu bewegt, sich behandeln zu lassen. Niki bleibt fast zwei Monate in einer psychiatrischen Anstalt, wird einer Reihe von

Elektroschocks und einer Insulinkur unterzogen. Um in dem verschlossenen weißen Raum nicht verrückt zu werden, fertigt sie Collagen an, experimentiert herum, zeichnet, erstellt Kunstwerke aus allem, was ihr in die Finger kommt, sei es Wäsche, Stoff oder Holz. Ihren Mann, der sie regelmäßig besuchen kommt, bittet sie um weiteres Material und um weitere Farben. Als sie nach Hause entlassen wird, hat sie ihren Weg gefunden. Sie will Künstlerin werden. Sie weiß, dass sie für eine traditionelle Ausbildung viel zu rebellisch ist, und studiert daher an keiner Schule, sondern streift stattdessen durch Paris, um Bilder in sich aufzunehmen: »Meine Schule waren Museen und Kirchen.« Sie beginnt mit Collagen und schafft von Anfang an eine ganz eigenständige Kunst, bei der sich Alte und Neue Welt begegnen und die weibliche Gestalt stets im Mittelpunkt steht: zunächst die Frau als Objekt, dann die Frau als Subjekt und schließlich – während ihrer großen Zeit in den 60er-Jahren – Nana, unterwegs um die Welt, um das zu entfesseln, was schon bald als Nana Power bezeichnet wird.

Harry ist ein guter Ehemann, aber er genügt ihr nicht. Das wird Niki klar, als sie Jean Tinguely kennenlernt, einen Schweizer Künstler, der so wie sie von Schaffensdrang besessen und völlig frei und unbedacht ist. Er ist Erfinder der kinetischen Skulptur, Experte für Schweißtechnik und Mechanik und auf den ersten Blick bis über beide Ohren in Niki verliebt und von ihrem Genie überzeugt. Er baut ihr ein Metallgerüst für einen Märchenbaum, mit dem sie das Kinderzimmer schmücken will, und erschließt ihr auf diese Weise den Zugang zur Plastik. Nach all den Jahren, die sie darauf verwendet hat, ihre überbordende Energie in die zweidimensionale Malerei zu zwängen, entdeckt Niki die dritte Dimension. 1957 trennt sie sich einvernehmlich von Harry, der sich weiter um die Kinder kümmert, und lebt fortan mit Jean zusammen. Sie nennt ihn »meine Liebe, meinen Gefährten, meinen Rivalen«. Er definiert sie als die größte Bildhauerin aller Zeiten: »Niki ist ein heiliges Ungetüm, eine Naturgewalt. Sie hat eine kolossale Energie und versteht sie einzusetzen.«

Vor allem aber schreckt Niki vor nichts zurück. Um sich aus dem Bannkreis eines Mannes zu befreien, der eine allzu große Anziehungskraft auf sie ausübt, stiehlt sie ihm eines Tages ein Hemd, befestigt es auf einem Bildgrund, nimmt anstelle des Kopfes eine Zielscheibe und macht sich einen Spaß daraus, sie mit Pfeilen zu beschießen. »Es war ein Voodoo-Gemälde, ein Exorzismus«, sagt sie später. Der Gewalt im eigenen Inneren Luft zu machen, ohne jemanden zu töten, ist eine Übung, durch die sie sich besser fühlt. Sie beschließt, noch einen Schritt weiterzugehen. Sie bittet Jean, ihr eine Waffe zu besorgen, und kreiert großformatige, zwischen Skulptur und Gemälde anzusiedelnde Kunstinstallationen, an denen sie mit Farbe und anderen Substanzen (Ei, Tomatensaft, Spaghetti) gefüllte Beutelchen anbringt, um sie anschließend durch Gewehrschüsse zum Platzen zu bringen.

Es ist das Jahr 1961. Die Nachricht von der Künstlerin, die auf ihre eigenen Werke schießt, geht um die Welt. Keiner ahnt, woher die damit zum Ausdruck gebrachte Gewalt herrührt, aber alle begreifen, dass etwas Neues in der Kunst geschehen ist. Ein Pariser Galerist organisiert eine Ausstellung, bei der das Publikum selbst auf die Gemälde schießen kann. Dann wird Niki von einer New Yorker Galerie nach Amerika eingeladen. Die dortige Kunstszene ist auf der Stelle begeistert von dieser außergewöhnlichen Bildhauerin, die ihre Dämonen hinter höchst lebendiger Skandalkunst versteckt. Keiner weiß, dass diese Gesten künstlerischer Gewalt sie in Wahrheit aus ihrem Kindheitstrauma retten. Jahre später erklärt sie: »1961 habe ich auf meinen Vater geschossen, auf alle Männer, die kleinen, die großen, die gewichtigen und die feisten, auf meinen Bruder, die Gesellschaft, die Kirche, das Kloster, die Schule, meine Familie, auf alle Männer, wieder auf meinen Vater und auf mich selbst.«

Wenn sie nicht gerade wegen ihrer Ausstellungen auf Reisen sind, leben Niki und Jean südlich von Paris in einem verlassenen Landgasthof, den er auf kreative Weise umgestaltet hat. Er hat Mauern eingerissen und mitten im Winter Fenster vergrößert, während Niki sich lautstark über die Kälte beschwerte und damit drohte, aus Protest nach Südamerika auszuwandern. In dem Haus hat jeder seinen eigenen Schaffensbereich. Ständig kommen Leute zu Besuch: Freunde, Kollegen, Expartner, die erwachsenen Kinder. Hier schafft Niki nach der Vorlage einer Profilzeichnung, die ein befreundeter Künstler von seiner schwangeren Frau angefertigt hat, die ersten der zahlreichen, ihr zu Weltruhm verhelfenden Nanas.

Die aus der Vision einer nicht länger verletzten und passiven, sondern fröhlich triumphierenden Frau entwickelten Nanas bekommen zusehends größere Ausmaße. Mit ihren winzigen Köpfen und den überdimensionierten, kurvenreichen Körpern werden sie immer farbenfroher, nehmen die unterschiedlichsten, jedoch stets Kraft ausdrückenden Körperhaltungen und Rollen ein, sei es als Tänzerinnen, Akrobatinnen oder Kriegerinnen. Galerien und Museen auf der ganzen Welt geben Nanas in Auftrag, und jedes Mal ist es ein Skandal: etwa, als Niki für das Museum in Stockholm eine 26 Tonnen schwere Riesen-Nana kreiert, die breitbeinig auf dem Rücken liegt, sodass das Publikum durch die Vagina das Innere betreten kann, wo sich ein Kino, eine Rutsche und ein

Planetarium befinden. 1969 gestaltet sie in Genf ihren ersten Nana-Brunnen, bei dem das Wasser aus den Brüsten spritzt. Es ist der Beginn einer neuen Periode innerhalb ihrer Kunst, aber auch bezüglich des eigenen Innenlebens: »Nach den Schießbildern war die Wut verraucht, aber der Schmerz blieb zurück. Dann ist auch der Schmerz verschwunden, und ich habe in meinem Atelier fröhliche, dem Frausein huldigende Geschöpfe geschaffen.« Niki bevölkert die Welt mit Nanas und leistet auf diese Weise ihren Beitrag zur Frauenemanzipation.

Von ihrem eigenen Erfolg überwältigt, arbeitet sie, ohne sich zu schonen. Schon bald geht es ihr schlecht, sie verliert an Gewicht, hustet. Die Dämpfe des Polyesters, aus dem sie ihre Skulpturen schafft, bereiten ihren Atemwegen schwerwiegende Probleme. Bei der Arbeit muss sie eine Maske tragen. Jean steht ihr stets zur Seite und kümmert sich um den technischen und logistischen Teil. Was ihr Intimleben betrifft, nehmen sie sich große Freiheiten heraus. Jean lebt mit einer jüngeren Frau in der Schweiz, Niki hat einen Liebhaber nach dem anderen, und dennoch sind sie unzertrennlich. 1971 heiraten sie, damit im Todesfall der eine sich um den künstlerischen Nachlass des jeweils anderen kümmern kann.

Als der Vater – den Niki seit Jahren gemieden hat – stirbt, dreht sie mit Hilfe ihres damaligen Liebhabers, eines jungen britischen Regisseurs, einen Film über ihn. Der Streifen – der beschreibt, wie ein junges Mädchen ihren kranken und impotenten Vater verführt – löst empörte Reaktionen aus. Mit dem Mut einer sich in das Spiel der Kunst geretteten Kind-Frau gelingt es ihr, das Kindheitstrauma in erste Worte zu fassen und sogar dessen mögliche und erschreckende Zweischneidigkeit zu erkennen: »Was das Mädchen in dem Film betrifft: Wer hat wen vergewaltigt? Es ist mir nie gelungen, dieses Ereignis aus meinem Leben zu rekonstruieren. Ich habe Psychiater aufgesucht, habe eine Depression durchgemacht. Aber wer hat wem was angetan? Ich ihm oder er mir? Die Frage erscheint mir heute vollkommen zweitrangig. Ich habe einfach akzeptiert, dass Kinder sexuelle Wesen sind.«

Auf ihren stetigen Reisen gestaltet sie einen Nana-Swimmingpool in Südfrankreich, einen Golem-Spielplatz in Jerusalem, sie entwirft Spiele, Bühnenkostüme, Schmuck, ja, sogar ein Parfüm trägt ihren Namen. Sie sucht die Nähe zu ihren erwachsenen Kindern: zu Philip, der zu viele Drogen konsumiert, zu Laura, die ihr eine Enkelin, die heiß geliebte Bloum, schenkt. Dass das letzte Kapitel ihres Lebens in Italien spielt, ist der Begegnung mit Marella Caracciolo Agnelli zu verdanken, die Niki für die Idee begeistert, einen Skulpturenpark, Giardino dei Tarocchi, nach dem Vorbild von Gaudís Park Güell in Barcelona zu errichten. 1978 stellt sie ihr ein Grundstück bei Garavicchio in der Toskana zur Verfügung, und Niki stürzt sich mit der Sorge, nicht mehr genug Zeit zu haben, in die Arbeit. Sie ist erst 47 Jahre alt, aber ihre Lungen sind stark in Mitleidenschaft gezogen. Gemeinsam mit Jean, der immer wieder aus der Schweiz anreist, leitet sie die Arbeiten. Sie steht in magischer Verbindung mit dem im Entstehen begriffenen Park, schläft im Inneren der Skulpturen und will, dass immer zwei gleichzeitig fertiggestellt werden, um – wie sie sagt – die kosmischen Energien im Gleichgewicht zu halten. Der Skulptur des Todes widmet sie besonders viel Zeit: »Der Tod ist das große Geheimnis des Lebens. Mit seiner Sichel sorgt er dafür, dass neue Blumen sprießen können.«

1991 fällt Jean dieser Sichel zum Opfer. Mit ihm zusammen hat sie soeben in gewohnt heiterer, chaotischer Manier das unter dem Namen Strawinsky-Brunnen bekannte bewegliche

Wasserspiel am Centre Pompidou in Paris fertiggestellt. Sie selbst wird Jean um fast elf Jahre, also bis 2002, überleben. Untröstlich zieht sie nach San Diego, um ihre Lunge zu kurieren und um der Tochter und der Enkelin nahe zu sein. Jahre zuvor hatte sie über ihr Leben gesagt: »Ich hatte Glück, auf die Kunst zu stoßen, ebenso gut hätte ich Terroristin werden können.«

Alles beginnt auf Java, mit einem Streit beim Einwohnermeldeamt. Der Vater will sie – nach seinem Lieblingsvollblüter – Toto nennen, doch der Beamte weigert sich und bewegt ihn dazu, sich für den gewöhnlicheren Namen Catharina zu entscheiden, den jedoch nie jemand benutzt. Catharina Johanna Anna Koopman, von allen Toto genannt, kommt 1908 in der bezeichnenderweise am Fuße eines Vulkans gelegenen Stadt Salatiga zur Welt. Die Tochter eines Kavallerieoffiziers der niederländisch-indischen Armee, eine niederländisch-indonesische Schönheit, erlebt eine paradiesische Kindheit: Militärzirkel, Tee- und Reisplantagen, Freiluftorchester, Hauslehrer. Mit zwölf geht sie in die Niederlande in ein Pensionat für höhere Töchter und anschließend nach England. Sie spricht perfekt Niederländisch, Französisch, Englisch und Deutsch; später kommen Italienisch und Türkisch hinzu. Für sie ist die ganze Welt von Anfang an überschaubar und vertraut.

1928 zieht sie nach Paris. Sie ist 20 Jahre alt und hat alles, was man sich wünschen kann: Schönheit oder, mehr noch, eine spezielle Ausstrahlung, Selbstbewusstsein und kosmopolitische Bildung. Für *Vogue* arbeitet sie als Model. Sie ist groß, schlank und bewegt sich wie eine Königin. Der dunkle Teint und die mandelförmigen Augen verleihen ihr etwas

Exotisches und für die damalige Modewelt Unbekanntes, das sowohl Empörung als auch Begeisterung auslöst. Zum ersten Mal gelangt ein nicht aus Europa stammendes Mannequin zu Berühmtheit. Der Fotograf George Hoyningen-Huene erschafft mit seinen bahnbrechenden Aufnahmen eine Ikone: etwa mit dem berühmten Foto, auf dem Toto von hinten, mit abgewandtem Gesicht zu sehen ist und dem Betrachter den perfekt geformten Nacken und den in ein Kleid mit reichem Faltenwurf gehüllten Rücken darbietet. In Paris kennt Toto alle und jeden, hegt jedoch eine Vorliebe für Außenseiter, wie sie selbst einer ist. Sie schließt enge Freundschaft mit den Sprösslingen der russischen Adelsfamilie Mdivani, drei Söhnen – von denen der hübscheste für kurze Zeit Totos Geliebter wird – und zwei Töchtern, die wegen ihrer großartigen Hochzeiten von der Presse »Marrying Mdivani« getauft werden. Sie sucht die Nähe zu Nina Bergery, die stets einen kleinen Affen mit sich führt und von ihm verlangt, alle zu beißen, die ihr unsympathisch sind, und zu Hui-Lan Wellington Koo, der Ehefrau des chinesischen Botschafters in Paris, die der französische Maler Francis Rose als die schönste Frau der Welt bezeichnen sollte.

In London, wo sie als Schauspielerin Fuß zu fassen versucht, die Arbeit aber sehr schnell leid ist, lernt sie den Pressemagnaten Lord Beaverbrook, einen kleinen, sehr hässlichen, aber äußerst klugen Mann kennen. Toto wird seine Geliebte und Mitarbeiterin. Dank ihrer Sprachkenntnisse arbeitet sie für ihn als Informantin in den totalitären Regimen: in Berlin, wo sie angeblich eine kurze Affäre mit dem Dirigenten Herbert von Karajan hat, und in Rom, wo sie, wie man sicher weiß, mit dem Minister und Schwiegersohn Mussolinis, Galeazzo Ciano, ins Bett steigt.

Als sich auch Lord Beaverbrooks Sohn Max in Toto verliebt, wird die Lage kompliziert. Der Vater versucht alles, um den beiden Einhalt zu gebieten, zunächst mit einer Diffamierungskampagne in der Presse, später mit Geld. Jahre später erzählt Toto noch immer amüsiert: »Zu Max sagte er: ›Ich biete dir ein Vermögen, wenn du mir versprichst, sie niemals zu heiraten.‹ Ich erwiderte: ›Lass uns darauf eingehen!‹ Auf diese Weise haben wir wunderbare Augenblicke verlebt.« Dank der Übereinkunft erhält auch sie dauerhafte Unterhaltszahlungen.

In Wahrheit verlässt Toto Max schon bald und beginnt erneut zu reisen. Bei Kriegsausbruch 1939 ist sie in Florenz. Sie verliebt sich in einen Partisanen und wird dank ihrer Beziehungen zu hochrangigen Faschisten und Nationalsozialisten zu einer Informantin der Resistenza. Als man sie verhaftet, weigert sie sich, als Doppelagentin zu arbeiten, und landet im San-Vittore-Gefängnis in Mailand und später im Gefangenenlager in Bolsena bei Viterbo, wo sie nur wegen des gerade noch rechtzeitigen Einschreitens eines Offiziers einer versuchten Vergewaltigung entgeht. Nach dem 8. September gelingt es ihr zu entkommen, doch anstatt sich im Ausland in Sicherheit zu bringen, schließt sie sich erneut der Resistenza an. Wenige Monate später wird sie ein weiteres Mal verhaftet und nun nach Ravensbrück deportiert.

Es ist der 11. Oktober 1944. Bis zur Befreiung des Lagers im April 1945 werden noch sechs Monate vergehen – eine Zeit, in der Toto ihre gesamte Willenskraft unter Beweis stellt. Da sie perfekt Deutsch spricht, gelingt es ihr, als Diplomatenkrankenschwester durchzugehen. Sie kommt in Block 6, wo man zwar vor Schnee und Eiseskälte gefeit ist, dafür jedoch die Hölle medizinischer Experimente hautnah miterlebt. Auch sie selbst wird sterilisiert. Dank eines Kontaktes zum Küchenbereich kann sie sich regelmäßig Knoblauch beschaffen, den sie stundenlang kaut – ein alter Trick gegen Infektionen, den ihr einst die asiatischen Kindermädchen beigebracht haben. Und abends, auf ihrer von Ungeziefer wimmelnden Pritsche, betet sie im Stillen. Über die Zeit ihrer Gefangenschaft wird sie nach dem Krieg niemals reden. »Ich wäre lieber gleich erschossen worden«, lautet ihr einziger Kommentar.

Nach der Befreiung wird sie vom Roten Kreuz in die Schweiz gebracht. Der Sohn des britischen Premierministers, Randolph Churchill, der kurze Zeit ihr Geliebter ist und ein Leben lang ihr Freund bleibt, holt sie ab und bringt ihr eine Perücke mit, damit sie den kahl rasierten Kopf bedecken kann – eine zartfühlende Geste, die sie zu Tränen rührt. Mit dem Unterhalt, den ihr Lord Beaverbrook nach wie vor zahlt, leistet sich Toto später, um wieder zu Kräften zu kommen, einen Kuraufenthalt in Ascona in der Schweiz.

Hier begegnet sie der Frau, die sich für den Rest ihres Lebens um sie kümmern wird: der ebenfalls achtunddreißigjährigen Deutschen Erica Brausen, Tochter eines Bankiers und begeisterte Kunstliebhaberin. Für Toto ist es keine Liebe, sondern etwas weitaus Basaleres, als sei ihr eine Art Schutzengel begegnet. Durch die Gefangenschaft geschwächt und des hektischen Lebens müde, gibt sie Ericas Drängen nach und akzeptiert ihren Schutz. Eine Freundin erinnert sich an das Ungleichgewicht ihrer Beziehung: »Erica war bis über beide Ohren verliebt. Toto entdeckte die Bedeutung einer tiefen Liebe, ein ihr bis dahin unbekanntes Gefühl. Erica geriet in ihrer Gegenwart in Verzückung. Ihre Verehrung war für Toto das beste Heilmittel gegen die Auszehrung, unter der sie infolge der Deportation litt. Toto war nicht verliebt in Erica. Sie empfand eine Mischung aus Zuneigung, Dankbarkeit und

Bewunderung, was für einen Menschen wie sie bereits eine Menge bedeutete.«

Sie ziehen nach London, wo sie gemeinsam eine Kunstgalerie eröffnen, die sie nach dem Platz, an dem sie sich befindet, Hanover Gallery nennen. Erica hat gerade einen jungen, unbekannten Maler namens Francis Bacon kennengelernt, von dessen Genie sie überzeugt ist. Sie erwirbt sein erstes Gemälde: *Painting 1946*. Rohe Fleischhälften und ein Schirm in einem Käfig – die beunruhigende Verkörperung eines soeben dem Krieg entronnenen Europas. Erica wird Bacon viele Jahre lang fördern, ihm seine Gemälde abkaufen und seine Spielschulden begleichen, bis er schließlich zu einem anderen Kunstagenten wechselt.

Die Hanover Gallery entwickelt sich schon bald zu einem der wichtigsten Zentren im London der Nachkriegszeit. Erica setzt ihr gesamtes Kunstgespür und ihr gesamtes Geld ein, und Toto leistet ihren Beitrag durch all die freundschaftlichen Beziehungen zu einflussreichen Persönlichkeiten in der ganzen Welt und durch ihren Ruf. Die Galerie existiert von 1947 bis 1973 und präsentiert Künstler wie Max Ernst, Lucian Freud, Meret Oppenheim, Marcel Duchamp, Louise Nevelson, Jean Dubuffet und Hans Arp. Da Erica jeder Wunsch Totos Befehl ist, finanziert sie ihr ein Archäologiestudium an der Universität London. Toto wird Studentin bei Max Mallowan, dem Ehemann Agatha Christies, und begleitet ihn auf seinen monatelangen Grabungskampagnen im Nahen Osten.

1959 entdeckt Toto das zu den Äolischen Inseln gehörende winzige Eiland Panarea. Auf der entlegenen Insel gibt es weder Straßen noch Strom noch fließendes Wasser. Alle Bewohner müssen sich mit einem einzigen Telefon im Laden des Apothekers begnügen. Ein Grundstück steht zum Verkauf, und Erica gibt auch dieser Laune Totos nach, die sich in das Abenteuer stürzt, sechs kleine, durch Terrassen und Gärtchen miteinander verbundene Häuschen instandzusetzen und einzurichten. Abgesehen von wenigen farbigen Kissen und Vorhängen ist alles vollkommen in Weiß gehalten. »Das Ergebnis war äußerst gelungen. Der Garten ein Wunderwerk. Toto hatte einen unfehlbaren Sinn für wahren, schlichten, gleichsam geläuterten Luxus«, erinnert sich ein Besucher. Jeden Sommer verbringen sie und Erica viele Monate auf der Insel und laden Freunde zu sich ein. Alles muss per Schiff aus Neapel angeliefert werden, was jedes Mal ein Vermögen kostet.

Toto altert mit der ihr eigenen Anmut, stets äußerst elegant und perfekt gekleidet, mit hochgestecktem Silberhaar. Ericas Leben gestaltet sich auf ihre alten Tage weitaus beschwerlicher, überschattet durch ihren allzu unbedachten Morphinkonsum und durch die Eifersucht, die sich bis zur Paranoia steigert. Das Ende ihrer Beziehung könnte einem Hitchcock-Film entsprungen sein: 1991 stürzt Toto und bricht sich den Oberschenkel. Erica holt sie gegen den Rat der Ärzte aus dem Krankenhaus, entführt sie regelrecht nach Hause und hindert Freunde daran, sie zu besuchen. Sie hält sie in einem abgedunkelten Zimmer fest, pflegt sie ganz allein, wacht tagelang über ihren Leichnam, bis die Gesetzesvorschriften sie zur Bestattung nötigen. Kaum ein Jahr später stirbt auch sie. »Ich habe kein Bedürfnis mehr zu leben«, erklärt sie ihren Freunden schlicht.

Clarice Lispector

»Einst tauschten Clarice Lispector / und einige von ihren Freunden / zehntausend Geschichten vom Tod, / was Ernst ist daran und was Farce. // Da kommen noch andere Freunde / sie waren gerade beim Fußball, / erörtern das Spiel und erzählen, / vollziehen es nach, Tor um Tor. // als die Debatte verebbt, öffnet / gewaltiges Schweigen den Mund / und man hört die Stimme Clarices: / Reden wir jetzt weiter vom Tod?« Ein mit ihr befreundeter Dichter hat Clarice Lispector, die wie ein Fremdkörper im 20. Jahrhundert auftauchte, um die lateinamerikanische Literaturgeschichte für immer zu prägen, einst mit diesen Worten beschrieben.

1920 in der Ukraine als Tochter einer jüdischen Familie auf der Flucht vor den Pogromen geboren und 1977 in Rio de Janeiro verstorben, haftete ihr ein Leben lang der Mythos ihrer fernen Herkunft an. Die hohen, typisch kirgisischen Wangenknochen, die braunen, ungewöhnlich geschnittenen Augen, ja auch die raue Stimme mit dem prägnanten R – all das ließ sie exotisch erscheinen. Doch wer sie nach ihren Wurzeln fragte, dem antwortete sie trocken: »Ich bin Brasilianerin, und damit basta!«

Die Vergangenheit, vor der die Familie geflohen war, ist so grauenhaft, dass sie sich stets weigert zurückzublicken. Die

Mutter, die während eines Pogroms vergewaltigt und geschlagen wurde und in der Folge teilweise gelähmt war, stirbt, als Clarice noch ein Kind ist. Clarice flüchtet sich in Geschichten, die sie ihren Schwestern erzählt oder im Notfall auch den Kacheln an der Wand: »Mein Ideal war eine niemals endende Geschichte«, erinnert sie sich später. Als kleines Mädchen reicht sie ihre Geschichten bei der Schülerzeitung ein, aber sie sind zu ausgefallen, und niemand traut sich, sie abzudrucken. Ihre Nachmittage verbringt sie in Buchhandlungen, blättert in den Büchern: »Ich glaubte, ein Buch sei wie ein Baum, wie ein Tier: etwas, das geboren wird. Ich wusste noch nicht, was ein Autor ist. Als ich es entdeckte, sagte ich mir: Das will ich werden.«

Als Erwachsene verlässt sie Recife und zieht nach Rio de Janeiro, wo sie Jura studiert und sehr jung einen Studienkollegen, Maury Gurgel Valente, heiratet. Sie träumt weiter von Literatur. Nachts schreibt sie ihre Erzählungen und reicht sie bei Literaturzeitschriften ein. Mit ihrem langen Haar und dem Gesichtsausdruck einer verdrossenen Göttin betritt sie die Redaktion, legt dem Chefredakteur den Stapel auf den Schreibtisch und sagt: »Ich habe eine Erzählung. Möchte der Herr sie publizieren?« 1943 erscheint ihr erster Roman – *Nahe dem wilden Herzen* –, den sie bereits im Alter von 19 Jahren verfasst hat. Protagonistin ist eine junge Frau, die erklärt: »[...] ich werde brutal und ungeschlacht sein wie ein Stein, ich werde schwerelos und vage sein wie das, was man fühlt und nicht versteht, ich werde mich in Wellen überholen [...].« Für den beschaulichen brasilianischen Literaturbetrieb ist es wie ein Tropensturm. Der Roman gewinnt den Preis für das beste Debüt des Jahres. Innerhalb weniger Wochen avanciert Clarice Lispector zur Autorin der Stunde, zur ersten feministischen Schriftstellerin Brasiliens, oder zumindest zur ersten, die Körper und Sinne einer Frau als Mittel zur Beschreibung der Welt verwendet.

Ihr Gesicht ist wunderschön, gleicht dem einer Magierin. Sie ist ruhelos, leidet unter Schlaflosigkeit, hat eine magische Ausstrahlung. Als absolute Narzisstin und gleichzeitige Meisterin des Mitgefühls vermag sie sich in ihren Büchern in eine Küchenschabe, einen Schrank oder eine Rose hineinzuversetzen. Oder in ein Huhn, dem einsamen und sehnsüchtigen Tier par excellence, dem sie zahlreiche großartige Texte widmet. Die Kritiker vergleichen sie mit Franz Kafka, Albert Camus, Jean-Paul Sartre und Virginia Woolf, doch sie mag in keine Schublade gesteckt werden. »Ich schreibe, und sonst nichts, genau wie ich lebe«, sagt sie. Sie hat ein fantastisches Gespür für die portugiesische Sprache, derer sie sich völlig frei bedient. Sie beginnt einen Roman mit einem Komma und endet mit einem Doppelpunkt. Und als sie merkt, dass man sie nachzuahmen beginnt, sucht sie etwas Neues.

Dank ihres Rufes als Schriftstellerin erhält sie eine Anstellung in einer großen Tageszeitung. Sie ist die einzige Frau in der Redaktion, und die männlichen Kollegen fühlen sich in ihrer Gegenwart verunsichert. Sie geben sich Mühe, keine Zoten zu reißen, sobald sie in der Nähe ist, und denken sich eine verschlüsselte Sprache aus, wenn sie etwas Anzügliches sagen. »Sie war umwerfend schön, aber sehr zurückhaltend«, erinnert sich ein Freund aus jener Zeit. »Stets trug sie nur Weiß. Bluse, Rock und einen Ledergürtel. Sonst nichts. Das lange braune Haar fiel ihr auf die Schultern. Sie sprach mit leicht fremdländischem Akzent. Und sie lachte viel.« Als Lúcio Cardoso, dem sie ein Leben lang freundschaftlich verbunden bleibt, ihr zum ersten Mal begegnet, ist er sprachlos: »Clarice verzehrte sich selbst«, sagte er später über sie. »In ihrem Inneren brannte es. Das Feuer war ihr Geheimnis, als Schriftstellerin und als Frau.«

Als ihr Ehemann seine Diplomatenkarriere beginnt, folgt sie ihm schweren Herzens ins Ausland. Fünfzehn Jahre verbringt sie, voller Schwermut, außerhalb Brasiliens: in Afrika, Portugal, Italien, der Schweiz, in England und den Vereinigten Staaten. In Rom willigt sie ein, für De Chirico, der von ihrem Gesicht fasziniert ist, Modell zu stehen. In Bern kommt sie angesichts all der »stets schweigsamen und niemals lachenden Menschen« fast um vor Langeweile. Weit fort von Brasilien schafft sie es weder zu schreiben noch sich zu konzentrieren. »Wenn ich reise«, erklärt sie Freunden, »tue ich nichts, weder lesen noch sonst etwas, ich bin ganz Clarice Gurgel Valente.« Sie fühlt sich ausgedorrt. Der Schwester erklärt sie: »Hast du jemals gesehen, wie aus einem Stier ein Ochse wird?«

Ihre einzige Rettung sind die beiden 1948 und 1953 geborenen Söhne Pedro und Paolo. Als sie 1959 um die Scheidung ersucht und nach Brasilien zurückkehrt, nimmt sie sie mit. Der Ehemann zeigt Verständnis (»Verzeih mir«, schreibt er ihr in einem Brief, »du hattest mir lange vor unserer Hochzeit gesagt, dass du nicht für die Ehe geschaffen seist«), doch dann heiratet er unmittelbar darauf eine andere, was sie tödlich verletzt. Für Clarice sind es schwierige Jahre. Sie hat kein Geld, sie verbringt ihre Tage schreibend und in Sorge um den älteren Sohn, der die ersten Anzeichen einer schweren Schizophrenie aufweist. Während der Arbeit sind die Kinder stets in ihrer Nähe. »Ein Journalist hat einmal gesagt, ich würde in einer Art Trance schreiben. Das stimmt nicht. Ich bin es gewohnt zu arbeiten, während meine beiden Kinder neben mir spielen und mir Fragen stellen, und ich antworte oder telefoniere oder gebe der Haushälterin Anweisungen.«

Erneut beginnt sie für Zeitungen zu arbeiten und schreibt über alles – angefangen bei Küchenrezepten über ihre Gespräche mit Taxifahrern in Rio bis hin zu Interviews mit Musikern der Bossa Nova. Sie ist geistreich, exzentrisch, anders als alle andern. Ihre Bücher werden veröffentlicht, in erster Linie Erzählungen, ein Genre, das sie meisterhaft beherrscht, aber auch Kindergeschichten. Brasilien hat sie nicht vergessen und empfängt sie mit offenen Armen. Unbekannte rufen bei ihr an, Universitäten ersuchen sie um Vorträge, Journalisten wollen sie interviewen. Widerwillig lässt sie »das Martyrium des Erfolges« über sich ergehen. Am meisten verabscheut sie all die Interviews, in denen sie zu ihrem Ärger verzerrt dargestellt wird. Das Einzige, was sie interessiert, ist ihre Arbeit. »Wenn ich nicht schreibe, habe ich das Gefühl, tot zu sein«, gesteht sie. Unter ihren Freunden sind viele Schriftsteller, sie selbst gehört jedoch keinem literarischen Zirkel an. Alles ermüdet sie rasch. »Wenn sie in einem Raum war, blieb bereits nach drei Sätzen kaum noch Luft zum Atmen«, erinnert sich eine Freundin. »Sie redete und reflektierte mit einer derartigen Intensität, dass ihre Gedanken bisweilen zu lebendigen Wesen zu werden schienen.«

Nur selten verlässt sie das Haus, sie lebt von Brötchen und Kaffee, es sei denn, sie bekommt plötzlich Lust auf Tintenfisch oder Langusten und schleppt ihre Freunde mitten in der Nacht ins Restaurant. Sie leidet unter chronischer Schlaflosigkeit. Ständig wacht sie auf, steht auf, notiert Sätze auf ein Blatt, raucht. Eines Nachts schläft sie mit brennender Zigarette ein, und kommt bei dem Brand in ihrem Zimmer um ein Haar ums Leben. Ihre langen Beine und vor allem ihre Hände bleiben für immer gezeichnet. Ihre rechte Hand ist derart stark in Mitleidenschaft gezogen, dass sie mehrfach ins Krankenhaus muss. Auch der bekannte Schönheitschirurg Ivo Pitanguy nimmt einen Eingriff vor, doch die Hand bleibt verstümmelt. »Als man mir an der operierten Hand zwischen den Fingern die Fäden gezogen hat, habe ich geschrien. Es waren Schmerzens- und Wutschreie, denn der Schmerz erscheint wie eine Schmähung der körperlichen Unversehrtheit. Aber ich war nicht dumm. Ich habe von dem Schmerz profitiert, habe Schreie in die Vergangenheit und die Gegenwart geschickt; und, mein Gott, sogar in die Zukunft.«

Nach dem Unfall wird das Leben für sie schwieriger, sie verfällt immer öfter in Depressionen, die sie mit einer gefährlichen Mischung aus Medikamenten und Alkohol bekämpft. Mit ihrem Hund Ulisses zieht sie sich in ihr Haus zurück, empfängt nur wenige, ausgewählte Freunde, die in der Lage sind, ihr die Stirn zu bieten. (Einem Journalisten, der sie bittet, ein Bild für den Tod zu finden, antwortet sie: »Mein Hund, der in der ganzen Wohnung nach mir sucht.«) Ihr gesamtes Leben besteht quasi ausschließlich aus Schreiben und Denken. Sie scheut sich nicht, einen ganzen Tag lang mit Nachdenken zu verbringen. »Nichtstun ist eine große Aufgabe. Es ist wie ein Aufenthalt im Kosmos. Müßiggang verlängert die Zeit.« Wenn ihr das Haus unerträglich wird, geht sie für eine Nacht in ein Hotel, um auf andere Gedanken zu kommen.

Sie schreibt weiter ihre rätselhaften Bücher, in denen nichts passiert, aber alles gesagt wird, in denen die Fakten allmählich verschwinden und Empfindungen sich ausbreiten. Sie ist hochsensibel, leidet mit der Welt, spürt alles am eigenen Leib: die Sinnlosigkeit, die Armut, den Tod. »Manchmal rief sie mich an: ›Komm, komm schnell!‹«, erinnert sich ein Freund. »Ich eilte los, in der festen Überzeugung, dass etwas Schlimmes geschehen sei. Aber das Schlimme war die Welt, das Leben.

Niemals, keinen Augenblick lang, verlor sie die menschlichen Verhältnisse aus dem Blick.« So entsteht ihr Skandal-Buch *Die Passion nach G.H.*, in dem eine Frau eine Kakerlake sterben sieht und in diesem Augenblick das Leben begreift. So entstehen die grausamen Erzählungen *Laços de família*, der traurige Roman *Die Sternstunde* über ein Mädchen ohne Zukunft und die rätselhafte Geschichte einer Heranwachsenden *Der Lüster*. Es geht um das Leben von Mädchen, die erwachsen werden, und um erwachsene Frauen, die das Mädchen, das sie einst waren, in sich bergen. Es sind Gesten des Mitgefühls für die Frau, das »menschliche Wesen, das am schwersten begreifbar ist«. Denn Clarice Lispectors eigentliches Geheimnis besteht in ebendieser Fähigkeit, jemand anderes zu sein, sich in Leben und Dinge hineinzuversetzen, Schmerz und Mitgefühl für alles auf der Welt zu empfinden, trotz ihrer eigenen tiefen inneren Einsamkeit. Sie konnte stundenlang schweigend auf dem Sofa sitzen und verdrießlich die Haushälterinnen beobachten, und dennoch hat sie unvergessliche Texte über sie verfasst: über Jandira, die Hellseherin, über die widerspenstige Ivone, die stumme Aninha.

1977 muss sie wegen eines jahrelang unentdeckt gebliebenen Krebsgeschwürs an den Eierstöcken Hals über Kopf ins Krankenhaus. Bereits nach drei Monaten erliegt sie der Krankheit. Als sie spürt, dass ihr Tod nahe ist, will sie das Zimmer verlassen, wird an der Tür jedoch von einer Krankenschwester aufgehalten. Clarice schaut sie wütend an und schreit: »Sie haben meine Figur umgebracht.« Sie wird auf dem jüdischen Friedhof São João Batista beigesetzt. Auf dem Grabstein findet sich ein Satz aus *Die Passion nach G.H.*: »Jemandem die Hand zu reichen, war immer das, was ich mir von der Freude erhofft habe.«

Claude Cahun

Eigentlich heißt sie Lucy Renée Mathilde Schwob, doch sie gibt sich lieber den Künstlernamen Claude Cahun, der sowohl männlich als auch weiblich sein kann und somit ein Bekenntnis zur Mehrdeutigkeit ist. Als Tochter des Journalisten Maurice Schwob und Nichte des Schriftstellers Marcel Schwob wächst sie in zwar privilegierten, aber dennoch traurigen Verhältnissen auf, denn sie ist noch ein Kind, als ihre geisteskranke Mutter in eine Anstalt eingewiesen wird. Sie träumt von einer Dichterlaufbahn, sollte jedoch in erster Linie für ihre Fotografien, ihre hochmodernen Verwandlungs- und Selbstdarstellungsversuche bekannt werden, mit denen sie den Arbeiten zeitgenössischer Künstler und Performer um ein halbes Jahrhundert voraus war.

Ihre Kindheit ist wie gesagt traurig (»Die Stimmung zu Hause war schrecklich für mich. Ich saß den ganzen Tag unter dem Küchentisch. Und keiner der anderen hat es bemerkt.«), ihre Gesundheit angegriffen (»Ich war zu klein, fast zwergwüchsig, und hatte kaum Muskeln«). Die Begegnung mit der Nachbarstochter Suzanne Malherbe ist ihre Rettung, sie wird die große Liebe ihres Lebens, aber Suzanne ist ihr auch Mutter, Schwester, Komplizin, Muse und ihre Mitarbeiterin. »Mein Alter Ego«, sagt Claude. Beide kommen in Nantes zur Welt,

Claude 1894, Suzanne 1892. Ihre Liebe zueinander wird durch die Hochzeit von Claudes Vater mit der Mutter Suzannes, für beide bereits die zweite Ehe, begünstigt. Die Familien sind wohlhabend, und sie brauchen nicht für den Lebensunterhalt zu arbeiten.

Schon als junges Mädchen ist Claude ein Original. Nächtelang kann sie nicht schlafen und inhaliert Äther aus einem Fläschchen, das sie in ihrer Schreibtischschublade versteckt. Sie unterzieht sich strengen Diäten und langen, durch Yogapraktik inspirierten Fastenkuren. Sie träumt vom Schreiben, während Suzanne zeichnerisches Talent an den Tag legt. Gemeinsam arbeiten sie für Zeitungen in Nantes, gehen jedoch schon bald nach Paris. 1920 beziehen sie eine schöne Wohnung über den Dächern von Montparnasse. Die Lichtverhältnisse sind perfekt zum Fotografieren, einer weiteren Leidenschaft Claudes, und ein Raum der Wohnung wird zur Dunkelkammer umfunktioniert.

Recht bald fertigt Claude wunderbar rätselhafte Aufnahmen. Für sie ist die Fotografie ein Weg, um das eigene Selbstbild, um Verwandlungsweisen, sexuelle Mehrdeutigkeit und die Umkehrung von Geschlechterrollen auszuloten. Schon als Kind stöberte sie lieber in dem Kleiderschrank des Vaters als in dem der Mutter. Aber sie definiert sich nicht als Transvestitin. Sie bezeichnet sich weder als homosexuell noch als lesbisch oder feministisch, aber ebenso wenig als Dichterin, die sie unzweifelhaft ist, und nicht einmal als Fotografin. Konventionen sind ihr verhasst. Sie ist viel zu individualistisch, um sich irgendwelchen Strömungen anzuschließen. »Männlich? Weiblich? Kommt ganz darauf an. Neutrum ist das einzige Geschlecht, das immer zu mir passt«, erklärt sie.

Sie arbeitet für Zeitungen, publiziert Erzählungen. Sie

gestaltet das autobiografische Buch *Aveux non avenus,* eine nicht klassifizierbare Collage aus Bildern, Gedichten, Tagebuchauszügen, Aphorismen, Erzählungen, Briefpassagen, Traumberichten. Für alles zeigt sie Interesse. Ein wenig engagiert sie sich politisch bei den revolutionären Schriftstellerverbänden. Sie spielt bei der Schauspieltruppe des Théâtre ésotérique von Paul Castan und Berthe d'Yd mit. Doch viel interessanter sind die allabendlichen Inszenierungen daheim bei ihr und Suzanne. Auf der Hausbühne zwischen dem künstlerisch gestalteten Mobiliar der beiden Freundinnen treten alle in Erscheinung – Georges Bataille, Sylvia Beach, André Breton, Jane Heap, Jacques Lacan, Marguerite Moreno, Tristan Tzara. Die Bibliothek der beiden ist riesig. Eine große rote Gliederpuppe hängt über ihrem Schrank. Die Tapete im Schlafzimmer ist dunkelblau mit Sternen, ein Heilmittel gegen Claudes Schlaflosigkeit. Überall sind Katzen, die wie Ungeheuer fauchen. Und es gibt haufenweise Drogen: »Ich trinke, rauche und schreibe, um meine Gefühle abzutöten«, erklärt sie.

Sie lebt eher in einem Traum als in der Wirklichkeit. »Die glücklichsten Augenblicke? Der Traum. Mir vorstellen, ich sei eine andere.« Man braucht nur ihre Selbstporträts anzuschauen, auf denen sie als Odaliske, als Priesterin, als Dandy, Kind, Wilde oder gefallener Engel erscheint. Sie kann sadistisch, feinfühlig, unnahbar, exzentrisch, exhibitionistisch und schüchtern sein. Und bisweilen, wenn ihr gerade danach ist, sogar Lucy Schwob, jene junge, zarte und zurückhaltende Frau, die in einem ganz gewöhnlichen geblümten Kleid und mit Ziegenlederhandschuhen das Haus verlässt.

Sie ist sehr wandlungsfähig. Sie hat einen zwar zierlichen, aber gut gebauten Körper, große, tiefe Augen und einen perfekt geschwungenen Mund. Das Haar trägt sie meistens extrem kurz und tönt es spielerisch in den seltsamsten Farben, von Gold über Silber bis Rosa, wobei sie die Augenbrauen stets im selben Ton darauf abstimmt. Sie entwirft extravagante Kleider (Marcel Jean erinnert sich vor allem an zwei auf die Brüste genähte Stoffhände) und inszeniert theatralische Auftritte. Sie hat einen dominanten, bisweilen schwer zu ertragenden Charakter: »Zögere nicht. Schau nicht zurück. Du fällst. Egal wo, wann, und wie du dich festklammerst. Nimm dich selbst beim Wort«, erklärt sie in einem Brief.

Zu Lebzeiten verkauft sich kein einziges ihrer Fotos, noch spricht sie jemals über ihre fotografische Arbeit, die heute bei den Kritikern als der wichtigste Aspekt ihres Werkes gilt. Fotografie ist für sie ein privates Spiel mit sich selbst. Sie experimentiert und vermengt die Genres. Bei einem Foto greift sie auf die Röntgenaufnahme ihrer Lunge zurück. Zum ersten Mal überhaupt findet eine medizinische Aufnahme für ein Kunstwerk Verwendung. Wir wissen nicht, wie viele Aufnahmen während des Krieges und vor allem während der Razzien durch die Gestapo verloren gegangen sind. Gegen Kriegsende schreibt sie: »Wir hatten so viele, dass sie es leid wurden, sie zu zerstören, aber ich hatte nie den Mut und die Zeit zu schauen, was übrig geblieben ist, ich war sicher, dass die mir wichtigsten Bilder fehlen würden.«

Ein Leben lang bleibt sie Robert Desnos mit seinen »gewitterfarbenen Augen« in Freundschaft verbunden; sie verliebt sich unglücklich in André Breton, der ihr Dichterideal verkörpert, doch als er die schöne Jacqueline Lamba heiratet, schenkt sie ihm eine ihrer gelungensten Fotografien, auf der sein Gesicht und das Jacquelines wie in einem Unterwasserbild miteinander verschmelzen. 1938 zieht sie gemeinsam mit Suzanne auf die britische Insel Jersey und versteckt ihre Katze Kid in einer großen Hermès-Handtasche, um ihr die Quarantäne zu ersparen. Sie erwirbt die großzügige, in einer der schönsten Buchten der Insel versteckt gelegene Villa Roquaise. Jahrelang kümmert sie sich um den Garten rings um das Haus und züchtet mit derselben Hingabe sowohl Unkraut als auch seltene Pflanzen. Einzig das Meer, das sich vor ihren Augen erstreckt, flößt ihr Angst ein. »Ich habe begriffen, dass angesichts des Meeres, angesichts der Liebe und all der Elementarkräfte (die wir so gern meiden!) weder Alter noch Geschlecht noch die eigene Person Bestand haben«, schreibt sie in einem Brief.

Während des Krieges wird die Insel, die von großer strategischer Bedeutung ist, von den Deutschen besetzt. Claude Cahun beschließt, auf ihre Art Widerstand zu leisten. In ihrem Haus richtet sie eine Empfangsstation ein, damit sie heimlich Radio London hören kann, sie kramt zwei verstaubte Pistolen aus altem Familienbesitz hervor und schleppt Suzanne zum Zielschießen mit aufs Land. (»Waren wir erst einmal aufgebrochen, fand Suzanne den Ausflug faszinierend. So ist sie. Ein perfekter Charakter.«) In Anlehnung an die Papillons Surréalistes fertigt sie subversive selbstklebende Kärtchen an, die sie und Suzanne überall hinterlassen: in Zigarettenschachteln, Mauerspalten, in Flaschen, Zeitungen, an Kasernenzäunen und auf Friedhöfen. Eines Tages gelingt es ihr sogar, einen in den Stiefel eines deutschen Soldaten zu stecken. An die deutsche Kommandozentrale schickt sie eine ganz und gar aus Schnipseln zusammengestellte Zeitung, ein Plädoyer für den Pazifismus. In der Nacht entrollt sie auf dem Altar der kleinen Kirche im Ort ein gegen die Nationalsozialisten gerichtetes Spruchband.

Vier Jahre lang suchen die Deutschen wie verrückt nach den Verantwortlichen für diese mysteriösen Aktionen. Niemand denkt dabei an die beiden seltsamen älteren Damen, die in dem Haus am Meer leben. Aber auch in Jersey gibt es Denunzianten, und am Ende werden Claude und Suzanne entlarvt. Am 25. Juli 1944, einen Monat nach der Landung der Alliierten in der Normandie, durchsucht die Gestapo ihr Haus. Im Gefängnis voneinander getrennt, beschließen sie, ihrem einst geschlossenen Pakt gemäß, sich das Leben zu nehmen, aber die Dosis an Barbituraten, die sie von zu Hause mitgenommen haben, reicht nicht aus. Claude, die bei der Gefangennahme verletzt wurde, wird von einem Mithäftling, so schön wie »ein Engel Botticellis«, gepflegt. Suzanne, davon überzeugt, dass die Freundin tot ist, schneidet sich mit einer Glasscherbe die Pulsadern auf, wird aber noch rechtzeitig gerettet. Der Prozess, zu dem es wenige Wochen später kommt, reizt Claude vor allem zum Lachen, zu einem »verrückten Gelächter wie beim Anblick von Harpo Marx oder Chaplin«. Das Urteil lautet Tod durch Erschießen, doch die Beamten, die es verkünden, wissen, dass sich der Kriegswind bereits gedreht hat, und zögern die Vollstreckung hinaus. Die beiden Gefangenen werden im Jahr darauf am Kriegsende befreit.

Claude Cahuns ohnehin schwache Gesundheit ist durch die Gefangenschaft weiter schwer in Mitleidenschaft gezogen worden. Bis zu ihrem Tod 1954 wird sie immer kränklicher und immer öfter von Depressionen heimgesucht, die in ihr die Angst wecken, dem gleichen Schicksal zu erliegen wie die Mutter. »Ich frage mich, ob der Wahnsinn plötzlich kommt, oder allmählich. Derweil blickt mir der Wahnsinn mit starrem Auge entgegen.«

Tallulah Bankhead

Nur wenige Schauspielerinnen waren in den Jahren zwischen den beiden Weltkriegen so bekannt wie sie. Ihre raue Stimme, ihr schallendes Lachen und ihre Schlagfertigkeit kennzeichnen eine ganze Epoche. »Was ist los, mein Schatz, erkennst du mich nicht, wenn ich Kleider anhabe?«, fragt sie einen Liebhaber, dem sie am Arm seiner Gattin begegnet. Und einer jungen Frau, die so naiv ist, sie um Rat wegen ihrer Karriere zu fragen, antwortet sie, ihr den Rauch ins Gesicht pustend: »Wenn du dich wirklich ums Theater verdient machen willst, meine Liebe, dann werde nicht Schauspielerin, sondern Zuschauerin.« Mit gespielter Weisheit mahnt sie: »Gib dich niemals zwei Lastern gleichzeitig hin«, während sie selbst stets aufs Ganze geht, sei es Sex, Alkohol, Drogen oder Zigaretten. Sie hat unzählige Liebschaften – Frauen wie Männer – und redet bereitwillig mit Journalisten, wobei sie sich sogar zu philosophischen Betrachtungen über ihr ungezügeltes Sexualleben hinreißen lässt. »Promiskuität impliziert, dass Attraktivität nicht notwendig ist.«

Als Königin des Broadways und der Londoner Theater bleibt sie unvergesslich in Rollen wie in Lillian Hellmans *The little foxes,* während sie auf der Leinwand, die sie hasst und für die sie nach eigener Aussage »nicht das Gesicht hat«, weitaus weniger erfolgreich ist. Dennoch geht sie nach Hollywood, wo sie von Kazan über Hitchcock bis zu Cukor für alle großen Regisseure arbeitet und besonderes Vergnügen daran findet, im gesellschaftlichen Leben die Rolle der schrecklichen Lesbierin zu spielen. Als sie hört, dass sich Marlene Dietrich das Haar mit Goldpuder bestäubt, macht sie dasselbe mit ihrem Schamhaar und zeigt es bereitwillig den Journalisten, die sich davon überzeugen wollen.

»Die Leute, vor allem Frauen, rissen sich darum, sie zu sehen. Sie war auf dem Gipfel angelangt und begriff recht schnell, dass sie, um dort oben zu bleiben, immer noch eins draufsetzen musste. Das wurde ihr zum Verhängnis, denn sie ging vor allem wegen ihrer Persönlichkeit und weniger wegen ihres Talents in die Geschichte ein«, erklärt im Rückblick Kathleen Turner, die Tallulah Bankhead sehr bewundert und sie in einer Theaterrolle verkörpert hat.

Ein halbes Jahrhundert vor Madonna ist diese Frau ein Werk ihres eigenen Willens, eine Maschine, deren Zweck darin besteht, Staunen zu erregen. Schön, äußerst elegant und zügellos, wie sie ist, gesteht sie: »Das Einzige, was ich an meiner Vergangenheit bedaure, ist die Länge. Müsste ich nochmals von vorn anfangen, würde ich dieselben Fehler erneut begehen, nur viel schneller hintereinander.« Ihre Liebschaften lassen sich nicht zählen (tatsächlich beginnt sie eines Tages, in Erwartung ihrer Partygäste, eine Liste ihrer Liebhaber zu erstellen, doch bei Nummer 185 wird sie von der Türklingel unterbrochen); sie lacht gern, zum Glück auch über sich selbst (als sie nach vielen Jahren einem Mann wiederbegegnet, der sie hatte sitzen lassen, ruft sie mitten durch den Saal: »Ich dachte, ich hätte dir gesagt, du sollst im Auto auf mich warten...«); und sie hat die Angewohnheit, stets die Wahrheit zu sagen, auch wenn es für sie selbst von Nachteil ist.

Tallulah, 1902 in Alabama geboren, stammt aus einer einflussreichen Politikerfamilie, die in jeder Generation mindestens einen Senator zu verzeichnen hat. Ihre Mutter stirbt bei der Geburt an Blutvergiftung, und der Vater ist vor Kummer derart am Boden zerstört, dass er die Kleine in die Obhut der Großeltern gibt. Sie soll zur höheren Tochter erzogen werden, beschließt jedoch bereits als Kind, Schauspielerin zu werden. Tallulah hat eine charakteristische Stimme, die sie selbst scherzhaft als »Mezzobass« bezeichnet und die sie vor allem der Bronchitis verdankt, an der sie als Kind ständig leidet. Mit 15 Jahren gewinnt sie einen Schönheitswettbewerb, den eine Kinozeitschrift ausgeschrieben hat, und reist in Begleitung einer alten Tante in der Rolle der Anstandsdame nach New York, um den Preis, eine kleine Filmrolle, entgegenzunehmen. Als man sie vor die Filmkamera treten lässt, benimmt sie sich, als hätte sie ihr Leben lang nichts anderes getan als geschauspielert. Der Regisseur ist sehr erstaunt.

Nach den Aufnahmen richtet Tallulah sich im Hotel Algonquin ein und hofft auf weitere Rollen, die nicht lange auf sich warten lassen. Alle Stammgäste des Hotels, von der Schriftstellerin Dorothy Parker bis zu der alten englischen Schauspielerin Estelle Winwood, empfangen sie mit offenen Armen. Vor allem den Frauen gefällt sie, was für ein junges Mädchen aus gutem Hause wie sie, die keine Schwangerschaft riskieren darf, nicht so gefährlich ist. Ihre erste Liebhaberin ist Eva Le Gallienne, derer Tallulah jedoch bald überdrüssig wird: »Oh mein Gott, jeden Tag schreibt sie mir Briefe!« Ihre wahre große Liebe ist ein Mann, Napier Sturt, ein eleganter englischer, leicht schwindsüchtiger Adliger, der von seiner Mutter wegen einer Bankierslaufbahn nach New York geschickt worden ist und sich schon bald in dem ihn dort erwartenden exzessiven Leben verliert. Bereits eine Woche nachdem er sie kennengelernt hat, hält Napier um ihre Hand an. Tallulah zögert, lehnt dann ab, da sie andere Pläne hat, doch sie wird ihre Entscheidung ein Leben lang bedauern.

1923, im Alter von 21 Jahren, geht sie als Schauspielerin nach London und erobert innerhalb weniger Wochen die britische Hauptstadt. Auf der Bühne und bei Festen sorgt sie für Aufsehen. Alle wollen sie kennenlernen, ihre schlagfertigen Bemerkungen hören, ihren Striptease sehen, mit dem sie die Abende früher oder später beleben wird. Von dem Geld ihrer Theaterauftritte kauft sie sich einen Bentley, den sie gern eigenhändig fährt. Aber da Tallulah sich in London nicht auskennt, verfährt sie sich jedes Mal und muss dann ein Taxi rufen, das vorausfährt und sie nach Hause bringt. Ohne Rücksicht auf die eigene Gesundheit konsumiert sie alles durcheinander: Sie trinkt, nimmt Kokain und Medikamente, treibt es mit Männern (vorzugsweise mit reichen und vornehmen wie dem Tennisprofi Jean Robert Borotra, dem Prinzen Nikolaus von Rumänien oder dem Geschäftsmann John Hay Whitney) und mit Frauen (vorzugsweise von dunkler Hautfarbe: Lange Zeit ist sie Billie Holidays Geliebte und bringt sie durch ihre Angewohnheit, beim Sex die Garderobentür offen zu lassen, um ein Haar um ihren Job beim Strand Theatre). Ein einziges Mal heiratet Tallulah aus einer Laune heraus, schnappt sich den vermögenden, aber wenig talentierten Schauspieler John Emery, der jedoch schon bald wieder das Weite sucht.

Ihre eifrigsten Fans sind junge, emanzipierte Frauen. Eines Tages wird sie von einer Angestellten in der Konditorabteilung einer Londoner Bäckerei erkannt, und um ihre Aufmerksamkeit zu wecken, ruft die Frau: »Hochzeitstorten, Hochzeitstorten!« Sie heißt Edie Smith und ist deutlich jünger als sie, wird zunächst ihre Geliebte und später ihre Sekretärin und Assistentin und sollte bis zum Schluss ihren seltsamen Spitznamen »Hochzeitstorte« nicht mehr loswerden.

1933 kehrt Tallulah in die Vereinigten Staaten zurück und lässt sich – nach einem kurzen Intermezzo in Hollywood, wo ihr endgültig klar wird, dass sie nicht für das Kino geschaffen ist – in New York nieder, um am Broadway zu spielen. 1939 wäre sie um ein Haar wieder beim Film gelandet, da Selznick sie für die Rolle der Scarlett in *Vom Winde verweht* haben will, doch während sie in den Probeaufnahmen in Schwarz-Weiß geradezu göttlich wirkt, entpuppt sie sich für den Farbfilm als weniger geeignet und letztendlich vielleicht auch als zu reif für die Rolle. Sie arbeitet lieber weiter fürs Theater und probiert das Radio aus, wo sie mit ihrer charakteristischen Stimme für Aufsehen sorgt. Sie hat nach wie vor Drogenprobleme und eine angeschlagene Gesundheit. Bei einer Operation im Zuge einer Geschlechtskrankheit stirbt sie beinahe an den Blutungen. Kaum ist sie aus der Narkose erwacht, flüstert sie dem Chirurgen mit ihrer rauen Stimme zu: »Glauben Sie ja nicht, dass mir das eine Lehre sein wird!«

Als Tallulah merkt, dass ihr Ruhm allmählich verblasst, widmet sie sich mit großer Sorgfalt der Einrichtung ihres Alterssitzes, eines schönen Landhauses in der Nähe von New York, das sie, in Anspielung auf die öffentliche Zurschaustellung ihres eigenen Lebens, »Windows« tauft. Sie gestaltet es ganz in Rosa und Blau, um es auf das großartige Porträt abzustimmen, das der britische Maler Augustus John von ihr gefertigt hat, und bevölkert es mit ihren Tieren: Hunden, Katzen, und Affen, sogar ein junger Löwe namens Winston Churchill ist dabei, der jedoch – nachdem er groß und unberechenbar geworden ist – dem New Yorker Zoo anvertraut werden muss.

Wenn Tallulah nicht gerade für das Theater oder Radio arbeitet, verbringt sie ihre Tage im Bett neben einer großen Marienstatue (»Ich bin von Ordensschwestern erzogen worden«, erklärt sie den staunenden Gästen), liest, hört Radio, stickt oder schaut Baseballspiele im Fernsehen. Sie ist sich sehr wohl bewusst, dass es mit ihr bergab geht. Einem Bewunderer, der sie auf der Straße fragt, ob sie tatsächlich Tallulah Bankhead sei, antwortet sie mit ihrem heiseren Lachen: »Das, was von ihr noch übrig ist, Schätzchen, was von ihr noch übrig ist.« Unerschrocken und ausschweifend bis zum Ende, stirbt sie 1968. Ihre letzten Worte, die sie Hochzeitstorte ins Ohr flüstert, sind: »Kodein, Bourbon.«

Else Lasker-Schüler

»Ich bin in Theben (Ägypten) geboren, wenn ich auch in Elberfeld zur Welt kam, im Rheinland.« So viel zum Geburtsort. Bezüglich des Geburtsdatums stiftet sie noch mehr Verwirrung, und ihre Biografen müssen jahrelang forschen, ehe sie sicher wissen: Es war 1869. Damals begann das exzentrische Leben der deutschen Dichterin Else Lasker-Schüler oder – um ihre eigenen Worte zu wählen – »der Prinzessin von Bagdad, der Enkelin des Scheiks, des Kornverwesers und Lieblings des Pharaos«.

Unbändig, nicht einzuordnen, anstrengend, von einigen bewundert und von vielen verabscheut, stirbt sie 1945 im Exil in Jerusalem, wohin sie wegen ihrer jüdischen Abstammung und ihrer »entarteten« Kunst vor den Nationalsozialisten geflohen ist. Karl Kraus bezeichnete sie als die unzugänglichste deutsche Dichterin der Moderne, aber auch als eine Frau, in der ein Erzengel und ein Marktweib stecke. Heute ist sie in Deutschland eine Kultfigur ähnlich wie Frida Kahlo in Mexiko. Der Vergleich ist nicht zufällig. Ein wenig hexenhaft und verrückt, oft unglücklich und einsam wie die mexikanische Malerin, hat sie jeden Augenblick ihres bewegten Lebens in Texte verwandelt, die auch zu Tibetteppichen, fremdartigen Vögeln und preschenden Pferden werden konnten.

Sie wächst im Rheinland in einer reichen Bankiersfamilie auf, verliert schon früh die Mutter und bald darauf den Vater und heiratet 1894 den Ersten, der um ihre Hand anhält – den Arzt Jonathan Berthold Lasker –, verlässt ihn jedoch rasch wieder und behält von diesem Abenteuer lediglich den Nachnamen. Sie geht nach Berlin, als Kunststudentin und angehende Dichterin, als »Prinz Jussuf von Theben«, eine ihrer ersten fantastischen Wandlungen, in die sie sich flüchtet, um der Trauer über den frühzeitigen Verlust der Mutter zu entkommen: »Wie meine Mutter starb, zerbrach der Mond. Noch einmal trennte Er, der Herr, das Wasser von dem Land.« Bereits in diesen frühen Jahren findet sie ihren persönlichen Umgang mit dem Schmerz, indem sie eine andere Welt erfindet, die Wirklichkeit verwandelt, eine andere Person wird. Jahre später erklärte sie Karl Kraus: »In Bagdad sagte mir mal eine Zauberin, ich hätte viele Tausendjahre als Mumie im Gewölbe gelegen, und sei nicht mehr und nicht weniger als Joseph, der auf Arabisch Jussuf heißt. Ich meine ja auch, es wandeln sich die Lebenden mit den Toten, nur dass Könige und Prinzessinnen sich mit ihresgleichen wandeln.«

Sie arbeitet als Zeichnerin, und 1899 veröffentlicht sie ihr erstes Gedicht in einer Zeitschrift. Im selben Jahr kommt ihr Sohn Paul zur Welt. Sie weiß nicht, wer der Vater ist, und denkt sich deshalb immer neue aus. Am exotischsten ist der wunderschöne griechische Prinz Alcibiade di Rouan, dem sie angeblich eines Abends, während sie durch die Straßen schlenderte, begegnet sei. In Wahrheit sind ihre Fantasiespiele ein Panzer. Sie kann nur überleben, indem sie jedes Ereignis in ein Märchen verwandelt, jeden neuen Freund in einen Kometen am Himmel und jede Liebe in Ekstase. Sie kleidet sich ausschließlich in Samt, in weite, orientalische Pumphosen, trägt bunte

Turbane und Unmengen an baumelndem Schmuck. »Man konnte nicht mit ihr ausgehen, ohne dass sich nicht allenthalben jemand nach ihr umgedreht hätte«, erinnert sich ein Freund. Das Haar trägt sie für eine Frau der damaligen Zeit ungewöhnlich kurz, sie isst wenig, lebt tagelang von Obst und Nüssen, schläft oft auf Parkbänken.

1902 erscheint ihr erstes Buch, der Gedichtband *Styx*. Ein Jahr später, nachdem die Scheidung durch ist, heiratet sie den Musiker und Kunsthändler Georg Lewin, der unter dem Pseudonym Herwarth Walden mit der Zeitschrift *Der Sturm* eine der Säulen der deutschen Avantgarde bildet, doch auch diese Ehe ist nur von kurzer Dauer. Zu stark sind ihre jeweiligen Charaktere, und zu ungestüm ist das Gefühlsleben Elses, die sich ständig neu verliebt und die Normalität des Alltagslebens nicht akzeptieren kann. »Ich kenn dich und du kennst mich, wir können uns nicht mehr überraschen, und ich kann nur leben von Wundern. Denk dir ein Wunder aus, bitte!«, schreibt sie dem Ehemann.

Nach der Scheidung bleibt sie mittellos mit dem noch kleinen Sohn Paul zurück. Sie hat nur ihre Fantasie, die alles um sie herum verwandelt, und die Liebe, die sie jeden Tag aufs Neue allen Menschen, die ihre Seele mit einem Flügelschlag berühren, entgegenbringt. Ihre Briefe zu lesen ist, als würde man einen Rummelplatz betreten. »Ungefähr fünfzig Vögel besitz ich, zwar wohnen tun sie draußen, aber morgens sitzen sie alle vor meinem Fenster und warten auf mein täglich Brot«, schreibt sie. Aber auch: »In der Nacht spiele ich mit mir Liebste und Liebster. [...] Das ist das keuscheste Liebesspiel auf der Welt; kein Hinweis auf den Unterschied; Liebe ohne Ziel und Zweck, holde Unzucht.« Wenn sie traurig ist, klagt sie: »[...] es gibt keinen Menschen über den ich regieren möchte, keinen Menschen, den ich zur Krönungsfeier einladen mag.« Ist sie glücklich, so sieht sie die Welt verwandelt: »Und die Spiegel der Schränke sind Bäche, und unsere Liebe ist ein Heimchen, eine Grille, eine Pusteblume, daraus sich die Kinder Ketten machen.«

Der Abend ist ihr unerträglich: »[...], ich starb am Abendrot. Kannst du das fassen, konnte je ein Mensch fassen [...]?« Unerträglich auch, nach Hause zurückzukehren und zu schlafen, obwohl sie genau weiß, dass ihr »Zimmer weint«, wenn sie abends ausgehen will. Ständig verliebt sie sich aufs Neue, oft ohne dass der Angebetete davon etwas ahnt. Es seien hier nur einige der bekanntesten Namen erwähnt, etwa der Maler Franz Marc, der in der Schlacht von Verdun ums Leben kommt, oder der Dichter Gottfried Benn, der erschrocken die Flucht ergreift, jedoch zeit seines Lebens Bewunderung für sie hegt. Ihre Briefe an die Freunde beginnen mit merkwürdigen Anreden – »Liebe Rentiere«, »Liebe Gesandte«, »Liebe Beide« – und sind ein Feuerwerk trauriger Ironie. »Es war Nacht, als Ihr Brief ankam«, schreibt sie an einen Freund, »Ich hatte mich gerade aufgehängt, konnte nur morgens den Baum nicht wiederfinden.«

Die Tage verbringt sie in Berliner Bars, stets mit Sohn Paul im Schlepptau, der im Stillen heranwächst und wie sie großes Zeichentalent an den Tag legt. An ihrem Tischchen sitzend, unterhält sie sich mit ihren Bewunderern, unterzeichnet Verträge mit Verlegern, schreibt Gedichte und macht – wie sie in einem ihrer Briefe aufzählt – »große Schulden, beim Ober vom Mittag: ein Paradeishuhn mit Reis und Apfelkompott; beim Ober von Mitternacht: ein Schnitzel mit Bratkartoffeln«. Sie schreibt unermüdlich, veröffentlicht Prosa, Gedichte, Theaterstücke und behauptet sich in der Literaturszene. Besonders gefragt sind ihre Lesungen – regelrechte Performances bei Kerzenschein und zu Kastagnettenrhythmen, bei denen sie das Publikum mit ihren lebhaften Augen und ihrer schönen, rauen Stimme in den Bann schlägt. Und schon bald gilt sie als eine der eigenwilligsten Dichterinnen ihrer Zeit und eine der großen Vertreterinnen des Expressionismus.

1925 stellen die Ärzte angesichts der stets schwachen Gesundheit des Sohnes die endgültige Diagnose: Tuberkulose. Es folgen zwei schreckliche Jahre, ein Hin und Her zwischen Ärzten und Sanatorien, in denen Else das wenige Geld, das sie mit dem Schreiben verdient, und ihre gesamten Energien verbraucht. Täglich besucht sie Paul im Sanatorium, und abends betet sie für alle leidenden Kreaturen auf der Welt, ob Mensch oder Tier. In Wahrheit weiß sie, dass nichts ihren Jungen retten wird, und unter dieser Bürde altert sie auf einen Schlag. Von der alten Schönheit bleiben sehr rasch nur noch die Augen, schimmernd wie schwarze Diamanten. Im Dezember 1927 bringt sie den Sohn zurück nach Berlin, damit er in ihrer Obhut sterben kann. Als der Augenblick gekommen ist, bittet er die Mutter, sich hinter einen Paravent zurückzuziehen. Sie muss es ihm schwören, er ist so schwach, dass er kaum noch sprechen kann.

Der Tod werde nichts mehr an ihr finden, wenn er sie holen käme, so leer sei sie, schreibt Else einem Freund, nachdem alles vorbei ist. Ihr restliches Leben ist nur noch Schmerz, der sie rasch verzehrt. Im November 1932 erhält sie mit dem Kleist-Preis die für einen deutschen Dichter höchste Auszeichnung. Zwei Monate später ergreift Hitler die Macht. Else, die 1914 schon einmal inhaftiert worden war, weil sie gegen den Kriegseintritt ihres Landes demonstriert hatte, wird früh zur Zielscheibe. An dem Tag, an dem ein SA-Mann vor ihrem

Haus mit einem Knüppel auf sie einschlägt, fasst sie ihren Entschluss. Sie geht zum Bahnhof und kauft einen Fahrschein ohne Rückfahrt nach Zürich.

Im Schweizer Exil lebt sie von der Unterstützung von Freunden und Bewunderern, ständig auf Kriegsfuß mit der helvetischen Bürokratie, die ihr ein Visum verweigert, sie aber auch nicht nach Deutschland zurückschicken kann. Dreimal reist sie nach Palästina, da die Schweizer Vorschriften sie zwingen, das Land regelmäßig zu verlassen, und was sie dort vorfindet, in dem gelobten Land, das sie in ihren orientalisch anmutenden Gedichten so oft besungen hat, gefällt ihr nicht. Über einen zionistischen Freund schreibt sie: »[...] er ist [...] nach Jerusalem gezogen, das Land säuern. Der Schelm! Er weiß ganz genau, zum gelobten Land gehören gelobte Leute.«

1939, bei Ausbruch des Zweiten Weltkrieges, sitzt sie in Jerusalem fest, wo sie sich Hals über Kopf und hoffnungslos in den jungen Intellektuellen Ernst Simon verliebt, der sie zwar bewundert, ihr aber nichts vormachen kann, obwohl sie ihn anfleht, er möge sie anlügen und ihr sagen, dass er sie liebe. Sie schreibt nicht länger. Die deutsche Sprache ist von Barbaren usurpiert worden, ihre melodiöse Klaviatur für immer zerstört. Wie Sterne in der Finsternis bleiben die Gedichte, die sie Deutschland in den Jahrzehnten zuvor geschenkt hat: »Wenn wir uns ansehen / blühen unsere Augen. / Und wie wir staunen / vor unseren Wundern – nicht? / Und alles wird so süß. / Von Sternen sind wir eingerahmt / und flüchten aus der Welt. / Ich glaube, wir sind Engel.« Am 22. Januar 1945 stirbt sie an einem Herzinfarkt. Die Widmung eines ihrer Bücher lautet: »Mein Herz – Niemandem«.

Pearl S. Buck

»In China wird sie geschätzt, aber nicht gelesen und in Amerika gelesen, aber nicht geschätzt«, beschrieb die *New York Times* treffend das Paradoxon dieser amerikanischen Schriftstellerin mit Wahlheimat China, die, obwohl sie 1938 den Nobelpreis für Literatur gewann, nach wie vor ein wenigen Eingeweihten vorbehaltener Geheimtipp bleibt.

Als Tochter zweier presbyterianischer Missionare kommt sie 1892 unter dem Namen Pearl Sydenstricker in China zur Welt und erlernt dank ihrer Kinderfrau Wang Chinesisch, noch ehe sie Englisch sprechen kann. Wenn Wang mit ihr das Haus verlässt, setzt sie ihr stets eine Mütze auf den Kopf, weil, wie sie Pearl erklärt, »diese gelben Haare« nicht aussähen wie die eines Menschen. Wang ist eine der vielen Frauen der damaligen chinesischen Landbevölkerung, die durch die Armut in die Prostitution gezwungen wurden. Nachdem die beiden Missionare sie von der Straße geholt haben, redet sie mit dem kleinen Mädchen ohne Scham über sexuelle Dinge. Daher rührt die Ungezwungenheit, die Pearl, zum Entsetzen Amerikas, bei diesem Thema stets auch in ihren Romanen an den Tag legt. An der Seite dieser exotischen und so unbefangen sprechenden Kinderfrau lernt Pearl, die Welt aus unterschiedlichen Blickwinkeln zu sehen, und vor allem begreift sie, dass das Abendland nicht das Zentrum der Welt ist. Als sie als kleines Mädchen Wang einmal fragt, weshalb sie selbst anders rieche als die Chinesen, antwortet diese ohne lange nachzudenken: »Weil ihr Weißen euch zu oft wascht.«

Pearl wächst in der Provinz Jiangsu auf, erlebt aus nächster Nähe die schrecklichen Geschichten vom Leiden und Tod chinesischer Bauern. Das Leben dort ist ein ununterbrochener Kreislauf aus Dürre, Überschwemmungen und Tod, und in den Familien werden die Mädchen bei der Geburt erwürgt oder wie junge Kätzchen ertränkt. Hin und wieder ziehen die Männer einer lokalen Volksgruppe mit ihrem Anführer vorbei, und die abgehackten Köpfe der Feinde werden auf Bambusstecken auf dem Dorfplatz zur Schau gestellt. Wenn Pearl hinter dem Haus spielt, findet sie im Gras oft Menschenknochen.

Gemeinsam mit den Eltern und den beiden Geschwistern lebt sie in einer Art Zwischenwelt. Sie gehören weder der abgeschottet in Shanghai lebenden westlichen Gemeinschaft noch der chinesischen Gesellschaft an, in der sie und ihresgleichen als weiße Teufel gelten. Der Vater, ein von seiner Mission Besessener, verbringt seine Tage damit, den feindseligen Bauern das Evangelium zu verkünden, und kehrt am Abend bespuckt und voller blauer Flecken heim. Die Mutter ist eine sinnliche Schönheit, die an seiner Seite jedoch rasch verwelkt, aufgezehrt von der Missionsarbeit und Kummer, weil vier ihrer sieben Kinder – aufgrund von Krankheiten und entsetzlichen hygienischen Bedingungen – sterben. Gegen Ende des 19. Jahrhunderts herrschen in China für uns unvorstellbare mittelalterliche Zustände. Im Haus gibt es weder fließendes Wasser noch Strom, die Toilette besteht aus einem Spaten, der hinten im Garten an der Mauer lehnt. Jeden Sommer zieht sich die Familie in die Berge nach Kuling zurück, um Hitze, Hunger und Epidemien zu entkommen. In manchen Jahren ist die Trockenheit so furchtbar, dass das Land nach der Rückkehr kaum wiederzuerkennen ist. Die vor dem Hunger Geflohenen haben alles verzehrt, jedes Blatt, jede Frucht, sogar die Rinde der Bäume haben sie gekocht und gegessen.

Abends lauscht Pearl den mündlich überlieferten chinesischen Geschichten: eine bunte, gewalttätige, explizit sexuelle Welt, die über sie hereinbricht und sie für immer formt. Bereits mit zehn Jahren steht für sie fest, dass sie Romanautorin werden will. 1910 wird sie von den Eltern in die Vereinigten Staaten aufs College geschickt. Sie ist 18 Jahre alt und wunderhübsch, wirkt aber wie nicht von dieser Welt mit ihrer braun gebrannten Haut und den Kleidern, die eine chinesische Schneiderin nach dem Vorbild alter, längst aus der Mode gekommener Modelle angefertigt hat. »Die Mädchen kamen in Gruppen angerückt und starrten mich an, wie ein seltenes Tier«, erinnert sie sich später. Sie ist eine ausgezeichnete Schülerin und schon bald am ganzen Institut beliebt, dennoch bleibt zwischen ihr und den Gefährtinnen eine unsichtbare Mauer. Sie ist schweigsam, gleichsam abwesend. Von den asiatischen Frauen habe sie die Kunst erlernt, im Verborgenen zu bleiben, sagt sie über sich selbst. Nachdem sie 1914 das College mit höchster Auszeichnung abgeschlossen hat, bietet der Leiter des Fachbereichs Psychologie ihr eine Stelle als Assistentin an, doch die plötzliche Erkrankung der Mutter ruft sie zurück nach China.

Als Pearl das Schiff verlässt, findet sie ein anderes Land vor als das ihrer Erinnerung. China hat eine Revolution hinter sich, man hat das Kaiserreich gestürzt und befindet sich auf dem Weg in einen Bürgerkrieg zwischen der regierenden

Nationalen Volkspartei, der die Macht anstrebenden Kommunistischen Partei und Anführern von lokalen Volksgruppen aus den abseits der Städte gelegenen Gebieten. Sie glaubt, nur auf einen kurzen Besuch zu kommen, doch in Wahrheit wird sie über 20 Jahre bleiben. Noch an Bord des Schiffes, das sie nach China bringt, spürt sie die Verwandlung, merkt, dass sie erneut anfängt, auf Chinesisch zu denken. Sie übernimmt die Führung des Haushalts, pflegt die Mutter und bekommt eine Arbeit in der Missionsgesellschaft, wobei sie sich strikt gegen die Proselytenmacherei verwehrt, aber große Freude an der Lehrtätigkeit findet.

In dieser Zeit lernt sie den gerade erst in China eingetroffenen Missionar und Diplomlandwirt John Lossing kennen. Sie verloben sich und heiraten bereits nach einem Monat, und die ersten Ehejahre sind sehr glücklich. Er konzentriert sich in hohem Maß auf seine Arbeit, im Zuge derer er an der Universität von Nanjing den Fachbereich Landwirtschaft einrichtet und somit die moderne chinesische Agrarwissenschaft ins Leben ruft. Pearl geht ganz in der Rolle der Pastorenfrau auf, legt einen Garten an, richtet eine Krankenpflegestation und eine kleine Schule für Einheimische ein. Auf einem laut knatternden Motorrad begleitet sie ihren Mann bei seinen Fahrten ins Landesinnere. Während er sich mit den Bauern unterhält, macht sie sich mit deren Ehefrauen bekannt. Immer besser lernt sie die Chinesen kennen, die sie später in ihren Romanen verewigen wird. »Sie lebten ganz in der harten Realität, sie standen der Erde und dem Elementaren, Geburt und Tod, Lachen und Weinen, näher als wir. Unter ihnen ging ich auf die Suche nach der Wirklichkeit, unter ihnen kam ich den wirklichen Menschen am nächsten.«

Sie nimmt Lu bei sich auf, eine Bäuerin, die nach der Vergewaltigung durch einen Soldaten schwanger ist. Pearl steht ihr bei der Geburt bei, rettet ihr damit das Leben und gewinnt so ihre lebenslange Treue. Lu weicht nicht mehr von ihrer Seite, und Pearl wünscht sich manchmal, sie möge weniger anhänglich sein, da Lu einen sehr starken Charakter und eine ungezügelte Zunge hat, doch sie weiß, dass sie sich auf sie verlassen kann. Diese unverwüstliche Frau, die Pearl zu der Figur der O-lan in ihrem Roman *Die gute Erde* inspiriert, wird ihr Jahre später ihrerseits das Leben retten, als sie sie während eines gegen die Weißen in Nanjing gerichteten Pogroms zwei Tage lang in ihrer Hütte versteckt.

1920 bringt Pearl ihre Tochter Caroline zur Welt und wird gleich darauf wegen eines Tumors in der Gebärmutter operiert, weshalb sie keine weiteren Kinder bekommen kann. Ihre Ehe gerät in eine Krise, auch wenn sie mit niemandem darüber sprechen kann. Sie sucht einen Ausweg im Schreiben und verfasst für einige amerikanische Zeitschriften Artikel über China. Caroline ist ein süßes kleines Mädchen, doch sehr bald schon werden Anzeichen einer ungewöhnlichen Entwicklung erkennbar. Sie spricht nicht, hat heftige Wutanfälle, bei denen niemand sie beruhigen kann, oder zieht sich stundenlang in ihre eigene Welt zurück. Anfangs versucht Pearl, sich der Illusion hinzugeben, es handle sich um ein vorübergehendes Problem, aber als das Mädchen vier Jahre alt ist, muss sie einsehen, dass etwas bei ihr nicht stimmt. Sie bringt sie in die Vereinigten Staaten, um sie untersuchen zu lassen, und erhält die niederschmetternde Diagnose: geistig behindert. »Geben Sie sie in eine Anstalt und denken nicht länger an sie«, rät ihr einer der Ärzte. Für Pearl kommt das nicht infrage. Da man ihr gesagt hat, ein Geschwisterchen könne sich positiv auf sie auswirken, adoptiert sie in einem New Yorker Waisenhaus ein Mädchen, Janice, und reist zurück nach China, obwohl sich das Land inzwischen mitten im Bürgerkrieg zwischen Nationalisten und Kommunisten befindet, in den sich schon bald auch die Japaner einmischen.

1929 muss sie schließlich der Realität ins Auge sehen und sich damit abfinden, dass Caroline nicht länger zu Hause leben kann. Pearl kehrt in die USA zurück, um eine Schule für sie zu finden. Sie ist entsetzt über die Einrichtungen, die man ihr vorschlägt. Zu jener Zeit gilt Behinderung noch als eine Schande, und die Kinder werden sich selbst überlassen wie die Tiere. Am Ende entdeckt Pearl eine Schule in New Jersey, deren Schulleiter ihr ein wenig freundlicher erscheint als die anderen und dem sie die neunjährige Caroline anvertraut. Ihre Tochter und die Person, die aus ihr hätte werden können, werden ihr zeit ihres Lebens fehlen. Niemals wird sie sich wirklich mit diesem Verlust abfinden. Zum Glück gibt es Janice, die Adoptivtochter, die ihrer Zuwendung bedarf. Pearl staunt tagtäglich aufs Neue über ihr Glück, sie unter all den Kindern auf der Welt gefunden zu haben. Janice hat ihr, wie sie selbst sagt, schlicht das Leben gerettet.

Sie kehrt in ihr Haus in Nanjing zurück und beginnt mit der Arbeit an ihrem Roman *Die gute Erde*, der Geschichte eines armen chinesischen Bauern und seiner Familie. Nach nur zwei Monaten ist das Manuskript fertig: Sie denkt auf Chinesisch und übersetzt ins Englische. Über einen New Yorker Literaturagenten findet sie einen Verleger, der den Mut besitzt, es zu veröffentlichen. Das Buch erscheint 1931 in den USA und wird ein Erfolg. Mit zwei Millionen verkauften Exemplaren bleibt es viele Jahre lang ein Bestseller, wird weltweit übersetzt, gewinnt den Pulitzerpreis, und die Rechte werden schließlich von einer Hollywood-Produktionsgesellschaft gekauft.

Pearl erklärt sich bereit, eine Trilogie daraus zu machen. Da Presse und Leserschaft neugierig auf diese geheimnisvolle Schriftstellerin vom andern Ende der Welt sind, lässt Pearl sich für Werbezwecke mehrfach zu Besuchen in den Vereinigten Staaten überreden. Während einer ihrer Vorträge bringt sie die Protestantischen Kirchen gegen sich auf, weil sie deren Missionspolitik in China öffentlich anprangert und sie als kolonialistisch und stumpf bezeichnet. Solange man ein Gefühl rassischer Überlegenheit in sich berge, könne man nicht das Evangelium verkünden, erklärt sie einem Publikum empörter Missionare. Während ihrer Kindheit in China hat sie gelernt, kein Blatt vor den Mund zu nehmen, und sie hat nicht vor, daran etwas zu ändern, nur weil sie jetzt berühmt ist. Sie spricht sich öffentlich für Empfängnisverhütung aus, setzt sich für Frauenrechte und die Rechte von Schwarzen ein. Einem Journalisten gegenüber erklärt sie, dass sie sich angesichts mancher Dinge, die ihr Volk verübe, schäme, eine Weiße zu sein.

Ihr Verleger Richard Walsh folgt ihr überallhin und beschützt sie. Er ist ein gebildeter, neugieriger Mann voller Zartgefühl und verliebt sich sehr bald in sie. Als er nach China kommt und ihr seine Liebe gesteht, läuft Pearl zusammen mit Janice von zu Hause fort, während ihr Mann auf Missionsreise ist, und schifft sich in die Vereinigten Staaten ein. Während der Überfahrt wirft sie den Ehering ins Meer, schreibt an ihren Mann und ersucht ihn um die Scheidung. 1935 unterzeichnet sie in Reno die dafür nötigen Papiere und lässt sich noch am selben Tag mit Richard trauen, der sich in der Zwischenzeit ebenfalls von seiner Frau getrennt hat – ein weiterer, beim amerikanischen Publikum für Empörung sorgender Akt.

Mit den Einnahmen durch die Autorenrechte kauft sie ein Haus in Pennsylvania – Green Hills Farm –, das sie nach ihren Träumen gestaltet: mit einem Park, der zum Blumengarten wird, einem eigenen Bereich für Caroline, wenn sie zu Besuch kommt, und einem kleinen Bambusgarten, der sie an das ferne China erinnert. Sie adoptiert vier kleine Kinder, stets entschlossen, auf nichts im Leben zu verzichten. Als sie wegen einer Buchvorstellung nach New York muss, bettet sie die Kleinen in zwei Weidenkörbchen auf dem Rücksitz ihres Wagens und begibt sich auf die Reise. »Manche werden sich über dieses sonderbare Leben gewundert haben«, erklärt ihre Schwester Grace, »aber Pearl hatte alles unter Kontrolle. Wie stets.«

Sie schreibt weiter, zwei Bücher über ihre Eltern, eine Biografie über die letzte chinesische Kaiserin, *Das Mädchen Orchidee*, und eine nicht enden wollende Flut an Romanen von oft unterschiedlicher Qualität. Als Schriftstellerin nimmt sie sich nicht allzu ernst. Als man ihr 1938 mitteilt, sie habe den Nobelpreis gewonnen, erklärt sie: »Das ist lächerlich!« Der von der Schwedischen Akademie in Stockholm zur Verleihung geladene chinesische Delegierte lehnt die Teilnahme ab. Pearls anfangs in China mit großem Erfolg publizierten Bücher werden später, nach der Machtergreifung der Kommunisten 1949, verboten, da sie das Land angeblich in ein schlechtes Licht rücken. Auf der anderen Seite des politischen Lagers hat McCarthy sie als Kommunistin auf seine schwarze Liste gesetzt, und das FBI überwacht sie, insbesondere wegen ihres Engagements für die Rechte Schwarzer.

Pearl kümmert sich nicht um die öffentlichen Angriffe, zieht sich in ihr großes Haus zurück, das ihr eine Art privates China ist, und schreibt unermüdlich weiter. Sobald sie die Namen ihrer Figuren ausspricht, erwachen sie vor ihren Augen zum Leben, als seien sie mit ihr im Raum. Nach langen Stunden am Schreibtisch taucht sie erschöpft aus der

Arbeit empor, ohne jemals eine geschriebene Zeile noch einmal zu lesen. Eine Sekretärin tippt alles ab, und Richard kümmert sich um die Korrekturen. Sie wird sehr wohlhabend, gibt jedoch niemals ihr politisches Engagement auf. Vor dem Krieg versucht sie, die Amerikaner für die Bedrohung durch Japan zu sensibilisieren, und verweist auf die Notwendigkeit, China beizustehen, das Opfer einer furchtbaren Invasion geworden ist. Nach dem Krieg wird sie zur Fürsprecherin all der Kinder und ihrer tragischen Schicksale, die aus der Verbindung von amerikanischen Soldaten und asiatischen Frauen hervorgegangen sind.

1953 erleidet Richard einen Infarkt, durch den er praktisch erblindet und halb gelähmt ist und an dessen Folgen er bereits wenige Jahre später stirbt. Daraufhin adoptiert Pearl zwei weitere Kinder, ein Waisenkind von einem weißen und einem schwarzen Elternteil und eins mit einem weißen und einem japanischen Elternteil. Sie veröffentlicht ein Buch, mit dem sie abermals ein Tabu bricht und in dem sie den Schmerz beschreibt, eine geistig behinderte Tochter zu haben, und schließlich schreibt sie ihre Memoiren, *Mein Leben, meine Welten*. Wenn sie nicht gerade über China spricht, dann spricht sie über sich selbst. Das sei der einzige Stoff, der ihr zur Verfügung stehe, rechtfertigt sie sich.

Im Alter umgibt sie sich mit jungen, stets sehr gut aussehenden Mitarbeitern. Einen von ihnen, den zunächst als Tanzlehrer für die Töchter engagierten Theodore Harris, wählt sie als Sekretär und »Mädchen für alles« und schließlich als Lebensgefährten. 1973, kurz vor ihrem 81. Geburtstag, stirbt sie. Auf ihrem Grabstein steht auf eigenen Wunsch hin ihr chinesischer Name Zhenzhu. Gegen Ende ihres Lebens lässt Harris sie nicht mehr aus den Augen, und sie verlässt kaum noch das Haus. Einer der letzten Journalisten, der sie dort – einer erhabenen alten Mandschu-Kaiserin an ihrem Hof im Exil gleich – zu Gesicht bekam, erinnert sich wie folgt an sie: »Sehr altertümlich, sehr dramatisch, sehr unbewegt. Sehr fernöstlich. Anmutig saß sie uns dort gegenüber und war dennoch nicht präsent. Du konntest dir nicht sicher sein, ob sie nicht doch eine Gefangene war.«

Nahui Olin

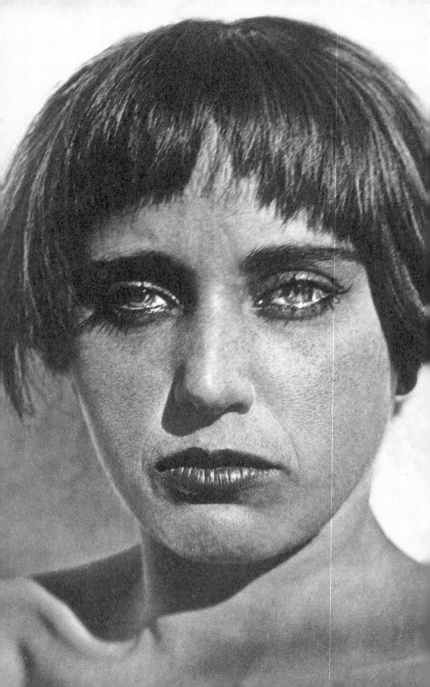

Ihr Vater ist ein hoher mexikanischer Offizier und ein für seine Schusswaffenpatente bekannter Ingenieur. Als sie 1893 geboren wird, entwickelt er gerade seine berühmteste Waffe, das später für militärische Zwecke genutzte Mondragón-Selbstladegewehr, ohne zu ahnen, dass eine weitaus gefährlichere Waffe soeben das Licht der Welt erblickt hat: Sie heißt Carmen Mondragón und hat riesige grüne Augen, mit denen sie, wie es scheint, die Welt verschlingen will. Als Erwachsene wird sie sich, unter dem Künstlernamen Nahui Olin, als die atemberaubendste und aufsehenerregendste Frau von Mexiko-Stadt und darüber hinaus als Modell, Malerin, Dichterin und Komponistin einen Namen machen.

Sie stammt aus einer der wohlhabendsten und einflussreichsten Familien des Landes. Nach dem von den Amerikanern unterstützten Staatsstreich wird ihr Vater 1913 zum Kriegsminister ernannt. Als jüngste und heiß geliebte Tochter – laut einer der vielen sich um ihr Leben rankenden »schwarzen Legenden« hatte sie eine inzestuöse Beziehung zu ihrem Vater – wächst sie zwischen Mexiko-Stadt und Paris auf, wo sie sich für die Kunst begeistert.

Nahui heiratet früh und glücklos, wählt den schönsten Mann ihrer Generation, den Kadetten und angehenden Diplomaten Manuel Rodríguez Lozano. Ihr geht es lediglich darum, der Familie eins auszuwischen und dem Elternhaus zu entkommen. Er seinerseits hat es nur deshalb auf die Mondragón-Tochter abgesehen, weil er hofft, sich auf diese Weise Möglichkeiten zu erschließen. Doch ins Bett steigt er lieber mit Männern. Die Ehe ist ein Desaster, noch ehe sie überhaupt beginnt. Das offizielle Hochzeitsporträt ist das einzige Foto, auf dem Nahuis legendäre Augen wie erloschen wirken, und der Bräutigam sieht aus wie bloß zufällig anwesend.

Ein Sohn kommt zur Welt, den keiner der beiden sich gewünscht hat und der bereits nach wenigen Monaten unter nie geklärten Umständen stirbt. Es ist eine weitere der furchtbaren sich um Nahui rankenden Legenden. Ihr Mann bezichtigt sie, das Kind in einem Anfall von Wahn erstickt zu haben. Wahrscheinlicher ist, dass der Kleine während eines Streits der Eltern gestürzt ist. Nahuis Vater vertuscht den Skandal und schickt die Tochter nach Paris. Er verlangt von ihr lediglich, sich nicht scheiden zu lassen, solange er am Leben ist, um die in seinem Umfeld geltenden Konventionen zu wahren.

Sie bleibt einige Jahre in Frankreich, wo sie allen bekannten Größen – Picasso, Matisse, Cocteau – begegnet und die Kunst für sich entdeckt. 1921 kehrt sie nach Mexiko zurück. Der Vater ist tot und sie selbst entschlossen, sich ihre Freiheit zurückzunehmen. Sie schneidet sich das goldblonde Haar kurz. Wenn sie besonders schlecht gestimmt ist, rasiert sie es ganz und gar ab, und beim Anblick dieser Frisur, die jeder Norm zuwiderläuft und ihre riesigen Augen sowie den sinnlichen Mund besonders zur Geltung bringt, drehen sich die Leute auf der Straße nach ihr um. Sie ist die Erste, die eine Art Vorläufer des Minirocks trägt, um ihre wunderschönen Beine zur Schau zu stellen. Für alle Maler des Landes steht sie Modell. Als sie an einer Ausstellung verschiedener Künstler teilnimmt, erobert sie jeden der anwesenden Männer im Handumdrehen; allen voran den beleibten und froschäugigen Erotomanen Diego Rivera, den sie Jahre zuvor bereits in Paris kennengelernt hat und der sie nie vergessen hat: »Ich habe genau die Farben im Kopf, um deinen Blick, der dem wilden Meer gleicht, zu malen, gesprenkelt mit Malven und den Himmeln der Hochebene, mit aztekischen Smaragden und Türkisen«, hat er ihr damals geschrieben.

Doch Carmen hat es von Anfang an auf einen anderen abgesehen: nämlich auf den unter dem Künstlernamen Dr. Atl bekannten Maler und Revolutionär Gerardo Murillo, der sich bei der mexikanischen Regierung derart großer Beliebtheit erfreut, dass man ihm das im Stadtzentrum gelegene große ehemalige Mercedarierkloster als Wohnung und Atelier zur Verfügung stellt. Sie lernen sich auf einem Fest kennen, und er wittert sofort Gefahr: »In dem Hin und Her der überfüllten Räume hat sich vor mir ein Abgrund aufgetan so grün wie das Meer: die Augen einer Frau. Auf der Stelle bin ich in diesen Abgrund gestürzt, als sei ich von einer steilen Klippe in den Ozean gesprungen.«

Er ist es, der ihr, in Anlehnung an ein mythisches Datum im Aztekenkalender, den Namen Nahui Olin gibt, was so viel wie »die vierte Bewegung« bedeutet, also jenen Zeitpunkt, an dem laut Überlieferung die Sonne zerstört wird und fünfhundert dunkle Jahre in Erwartung eines neuen Gestirns anbrechen. Wenige Tage später zieht Nahui mit ihren wenigen Habseligkeiten in das Mercedarierkloster ein. An der Seite Murillos macht sie sich einen Spaß daraus, für Aufsehen zu sorgen, und läuft nackt durchs Haus, auch wenn Gäste zu Besuch sind. Sie schreibt experimentelle Gedichte, malt großformatige naive

Gemälde und fertigt eng an den europäischen Impressionismus angelehnte Schwarz-Weiß-Zeichnungen an, die in Murillos Augen allerdings nicht besonders viel taugen. »Dein größtes und absolut unvergleichliches Kunstwerk ist dein Körper«, erklärt er ihr. Nahui lässt sich nicht entmutigen. Sie schreibt sich in der von Diego Rivera gegründeten Künstlergewerkschaft Sindicato de Obreros Técnicos, Pintores y Escultores ein. Ihre Ausstellungen sind erfolgreich. Gleichzeitig beginnt sie zu schreiben und veröffentlicht sehr schnell hintereinander drei Bücher, die von den Rezensenten, je nach politischer Ausrichtung des jeweiligen Blattes, mal als skandalös, mal als revolutionär bezeichnet werden.

Schon bald bricht zwischen Nahui und Murillo Krieg aus. Er betrügt sie mit allen Modellen, die in sein Atelier kommen, sie reagiert mit Gewalt, zerstört seine Gemälde, beschimpft ihn in der Öffentlichkeit. Außen an sein Atelier hängt sie einen gegen ihn gerichteten Aufruf: »Elender Möchtegern-Doktor / Frauenmörder«. Manchmal wird auch eine Pistole gezückt, oder ein Modell bricht sich das Bein, weil Nahui sie die Treppe hinunterschubst. Ihre Beziehung endet so heftig, wie sie begonnen hat. »Ich hasse dich, weil ich es hasse, deiner Schönheit zu unterliegen«, schreibt ihr Murillo.

Sie zieht allein in eine Wohnung in der Calle 5 de Febrero, in der es von Katzen wimmelt und in der sie Tina Modotti oft besuchen kommt und sich begeistert an jedes Detail erinnert. Die beiden kennen sich seit Jahren. Während ihres Aufenthalts in Mexiko war auch Tinas Lebensgefährte Edward Weston hingerissen von Nahuis Schönheit. »Man müsste aus Stein sein, um sich nicht in sie zu verlieben«, schreibt er in sein Tagebuch. Erotik und sexuelle Freizügigkeit bilden den Mittelpunkt sowohl ihres persönlichen als auch ihres öffentlichen

Lebens. Sie setzt sich für Frauenrechte ein, gründet einen feministischen Verein für den Kampf gegen Drogen, demonstriert für das Frauenwahlrecht, für die Gleichstellung und die Rechte der indigenen Frauen.

Auf das Angebot der Filmgesellschaft Goldwyn Mayer, zu Probeaufnahmen nach Amerika zu kommen, geht sie zunächst ein, nimmt aber, verärgert über die zweitklassigen und allesamt allein auf der Schönheit ihres Körpers basierenden Drehbücher, schnell wieder davon Abstand. Wer sich in Mexiko bei ihr nach Hollywood erkundigt, dem antwortet sie: »*Es una mierda!*« In ihren Augen hat das Aktstehen vor allem eine ästhetische und politische Funktion und dient nicht dazu, Geld zu machen, wie es in der Hauptstadt des Films suggeriert wird. Schönheit ist für sie eine Waffe und ein Mittel des Protests gegen die Welt.

Als der Fotograf Antonio Garduño sie 1927 darum ersucht, nackt für ihn zu posieren, zieht sie sich anschließend nicht etwa zurück, sondern stellt ihm die eigene Wohnung für seine Ausstellung zur Verfügung und streift lächelnd, mit einem Tablett voller Getränke in den Händen, zwischen den Fotos von ihren Brüsten und ihrer Scham umher. »Mein Körper ist so schön, dass ich der Welt nicht das Recht vorenthalten kann, dieses Kunstwerk zu bewundern«, erklärt sie den Journalisten sanft. Wegen des großen Andrangs muss die Ausstellung verlängert werden.

Sie malt und schreibt weiterhin und beginnt auch, Klavierstücke zu komponieren. Immer wieder gönnt sie sich andere Männer, allen voran Diego Rivera, dann den jungen und erfolgreichen Maler Matías Santoyo, mit dem sie es sogar schafft, ein paar Monate zusammenzuleben, sowie zahlreiche weitere namenlose Liebhaber. Doch die wahre Liebe kommt spät, als sie sich bereits nach Veracruz zurückgezogen hat. Er heißt Eugenio Agacino und ist seit vielen Jahren Kapitän einer Kreuzfahrtgesellschaft. Nahui lernt ihn während eines Landgangs kennen, und von diesem Moment an weicht sie nicht mehr von seiner Seite. Weihnachten 1934 stirbt er auf dem Meer: Lebensmittelvergiftung durch das Essen am Vorabend im Hafen von Havanna lautet der medizinische Befund; Heldentod, weil er sich bei einem Schiffbruch weigert, das sinkende Gefährt zu verlassen, so die Version, die Nahui stets zum Besten geben wird.

Ein paar Freunde kommen, um sie zurück nach Mexiko-Stadt zu holen, aber Nahui ist nur noch ein Schatten ihrer selbst. Einige Jahre hält sie sich als Zeichenlehrerin über Wasser. Sie veröffentlicht ein letztes Buch, *Energía Cosmica*, ein unverständliches Textgemisch aus Gedichten und wissenschaftlichen Daten, voller wahnwitziger Ausführungen über die Atombombe, über Relativität und Raumfahrt, das als erstes offenkundig durch Einsteins Relativitätstheorie inspiriertes Werk in die Literaturgeschichte eingeht.

Ab und zu hat sie eine Ausstellung, aber de facto verschwindet sie aus der Öffentlichkeit. Nur noch wenige Menschen erkennen sie auf der Straße wieder, doch ihre Augen sind derart durchdringend, dass manchmal Kinder bei ihrem Anblick in Tränen ausbrechen, wie eine Nichte – die einzige ihr in den letzten Lebensjahren nahestehende Person – sich erinnert. Abends wickelt sie sich in ein weites Laken, auf das sie in Lebensgröße das Bildnis ihres Kapitäns gemalt hat, und schläft mit ihm ein. Bis sie stirbt, vergehen noch 30 Jahre. Sie muss bis 1978 warten: »Das Leben ist eine Lügnerin / die sich über unser Streben lustig macht«, hat sie als junge Frau geschrieben.

Grace Metalious

»Indian summer is like a woman. Ripe, hotly passionate but fickle [...]« Schon mit den ersten Zeilen ihres Romans *Die Leute von Peyton Place* wird deutlich, worum es ihr geht: Sie will Klartext reden, sich Gehör verschaffen, das in den beschaulichen 50er-Jahren vor sich hin dämmernde Amerika schockieren. Sie will frei über Sexualität, aber auch über eheliche Gewalt, über Vergewaltigung, Abtreibung und Inzest sprechen. Darüber, wie ein Provinzstädtchen unvorstellbare Geheimnisse bergen kann. Wir befinden uns im August des Jahres 1956. Noch ist der Roman nicht einmal in den Buchhandlungen, und doch macht er bereits von sich reden. Der Verlag, der ahnt, welche Sprengkraft das Werk hat, warnt die Presse vor, und überall wird die Frage aufgeworfen, wer diese Grace Metalious, eine Hausfrau aus New Hampshire und Autorin eines Skandalbuches, eigentlich ist.

Ein Journalist reist für ein Vorabinterview von New York nach Gilmanton, wo Grace mit ihrem Mann – einem zu jenem Zeitpunkt arbeitslosen Lehrer – und ihren drei Kindern lebt. Die 32-Jährige sieht weitaus jünger aus, als sie tatsächlich ist. Das glatte Gesicht und das zum Pferdeschwanz gebundene Haar lassen sie wie eine Heranwachsende wirken, aber ihre Augen glitzern gefährlich: »Einem Touristen erscheinen diese

Provinzstädtchen friedlich wie auf einem Postkartenfoto, aber wenn man genau hinsieht, ist es, als würde man einen dicken Feldstein umdrehen, und zum Vorschein kommt allerhand merkwürdiges Getier«, sagt sie und fügt hinzu: »Eins weiß ich ziemlich sicher, nämlich dass mein Mann seine Arbeit wegen meines Romans verloren hat.« Der liefert jedenfalls genug Zündstoff. Wenige Tage später wimmelt es in der Stadt von Journalisten, die überall herumschnüffeln. Grace Metalious versteckt sich bei einer Freundin. Ihr Leben wird niemals mehr so sein wie zuvor.

Genau das hat sie sich immer gewünscht: dass ihre Romane veröffentlicht werden. Aber nie hätte sie mit einer so gewaltigen Wirkung gerechnet. Schon als Kind, als sie noch Marie Grace de Repentigny hieß, hat sie geschrieben, vorzugsweise in der Badewanne, dem ruhigsten Ort im Haus. Sie stammt aus einer nach New Hampshire emigrierten frankokanadischen Familie. Die Großmutter mütterlicherseits, für Grace vermutlich die wichtigste Person ihrer Kindheit, versteht kein Wort Englisch und weigert sich, es zu lernen: »Jeder kann Englisch lernen, Französisch ist viel schwieriger«, rechtfertigt sie sich. Der Vater, ein Buchdrucker, sucht schon bald das Weite und schifft sich bei der Handelsmarine ein. Die Mutter – die arbeiten gehen muss, um die Familie zu ernähren – ist ihr verhasst und bleibt stets ihre ärgste Feindin.

Als Kind liest Grace alles, was ihr in die Finger kommt. Mit elf Jahren schreibt sie ihre erste Geschichte, einen Krimi. Mit 13 widmet sie sich einem ehrgeizigeren Projekt, einem umfangreichen historischen Roman »mit Grafen und Gräfinnen und allem Drum und Dran«. Auch in puncto Gefühlsleben ist sie frühreif. Im Gymnasium verliebt sie sich in George Metalious, einen jungen Mann aus der griechischen Gemeinde im Süden von Manchester. Die beiden Familien widersetzen sich – damals heirateten Frankokanadier eine Frankokanadierin und Griechen eine Griechin –, aber sobald George eine Arbeit gefunden hat, läuft Grace von zu Hause fort und lebt mit ihm zusammen. Für die damalige Zeit ist das ein furchtbarer Skandal, und die Familien sind gezwungen, in die Ehe einzuwilligen.

Die Brautleute sind erst 18 Jahre alt. Alle Mitbürger sind sicher, dass Grace schwanger ist. »Ich habe nichts dazu gesagt«, erinnert sich Grace später, »aber nach neun Monaten Ehe habe ich eine große Party gegeben und allen ins Gesicht gelacht.« Sie bekommt Kinder, aber erst später. Unaufhörlich schreibt sie Tagebuch und verfasst Texte. Sobald sie einen Augenblick Zeit hat, setzt sie sich inmitten der größten Unordnung an die Schreibmaschine. Stets in Jeans und Männerhemden, ist sie eine Art ihrer Zeit vorausgeeilter Beatnik. Sie kann weder kochen noch einen Knopf annähen oder richtig Wäsche waschen. »Innerhalb von fünf Minuten war sie fähig, ein Zimmer in einen Schweinestall zu verwandeln«, erinnert sich eine Freundin. Die Kinder wachsen wie junge wilde Hunde auf, nie steht das Abendessen bereit. Noch schlimmer wird es, als George beschließt, sich für ein Lehrerstudium an der Uni einzuschreiben, und Grace früh aufstehen muss, um zur Arbeit zu gehen: »Furchtbare Jobs«, erinnert sie sich, »in Büros mit lauter schrecklichen Maschinen.«

Als George seine erste Stelle als Lehrer antritt, geht sie mit ihm nach Belmont und später nach Gilmanton. Sie arbeitet an ihrem zukünftigen Roman. »Ein Jahr lang habe ich täglich 24 Stunden darüber nachgedacht. Und zweieinhalb Monate lang habe ich täglich zehn Stunden daran geschrieben«, zieht sie Resümee. Im Frühjahr 1955 ist der Roman fertig. Bereits in der

Vergangenheit hat sie Manuskripte an New Yorker Verlagshäuser geschickt, stets erfolglos. Diesmal beschließt sie, sich einem Agenten anzuvertrauen. Aus dem Telefonbuch wählt sie – wegen des französisch klingenden Namens – Jacques Chambrun und schickt ihm das Manuskript zusammen mit einem fünfseitigen Brief. Wenige Wochen später erhält sie einen Anruf und wird nach New York gebeten.

Chambrun ist ein waghalsiger Agent, bekannt dafür, seine Autoren oft um ihr Geld gebracht zu haben, aber er spürt sofort, was er da zwischen die Finger bekommen hat. Die Sexszene im Auto zwischen Betty und Rodney hat ihm genügt: »Ihr ganzer Körper zuckte und wand sich«, heißt es in der sehr stark abgemilderten deutschen Übersetzung. »Als seine Hände ihre Brüste berührten, stöhnte sie, als ob sie Schmerzen hätte. Sie krümmte sich auf dem Sitz [...] Rodney schmiegte sich an sie. Ohne ein weiteres Wort zog Betty plötzlich die Knie an, versetzte ihm einen Stoß, öffnete das Türschloss und war im nächsten Augenblick aus dem Wagen. ›Mach das bei Allison MacKenzie‹, schrie sie ihn an.« Derartige Dinge hatte zu jener Zeit noch nie jemand in einem Roman gelesen. Am schnellsten reagiert Kitty Messner vom Messner Publishing House, eine der wenigen weiblichen Verleger der Stadt. Grace wird aufgefordert, in ihrem Beisein den Vertrag zu unterzeichnen und den Vorschuss in Empfang zu nehmen. Beim Anblick dieser eleganten Frau fühlt Grace sich befangen. Doch nur so lange, bis diese, wie Grace sich erinnert, die schönsten Worte sagt, die sie jemals gehört hat: »Schätzchen, ich habe dein Buch gelesen. Es ist wundervoll.« Von diesem Augenblick an ist Kitty Messner für sie wie eine Mutter. Sie befolgt ihren Rat und lässt sich auf Kürzungen ein, um allzu heftige Details zu tilgen. Durch den Eingriff der Verlegerin wird die Figur der

Selena Cross nicht vom leiblichen Vater, sondern lediglich vom Stiefvater vergewaltigt und geschwängert, doch auch so schlägt der Roman in Amerika wie eine Bombe ein.

Die Pressekampagne wird sorgfältig vorbereitet, man lädt Journalisten nach Gilmanton ein, wobei Grace – die dauernd obszöne Anrufe und Drohbriefe mit der Aufforderung, endlich abzuhauen, erhält – darum bemüht ist, die Polemiken herunterzukochen: »Das Buch zeichnet das Bild einer Kleinstadt in New Hampshire, aber es handelt sich nicht um Gilmanton. Außerdem war der Text bereits zu zwei Dritteln geschrieben, als ich hierhergezogen bin.« Wegen der großen Zahl an Vorbestellungen durch die Buchhandlungen ist der Roman bereits eine Woche vor seinem Erscheinen auf der Bestsellerliste, und die Filmproduktionsgesellschaft 20th Century Fox will die Filmrechte kaufen. In einigen Bundesstaaten wird das Buch verboten, was nur umso werbewirksamer ist.

Für Grace ist es eine Genugtuung, alle Geschäfte der Stadt abzuklappern, in denen sie Schulden gemacht hat, und jedes Mal zu fragen, ob sie mit einem Scheck des Filmproduzenten bezahlen kann. Sie erwirbt ihr Traumhaus, eine alte Villa in den Hügeln außerhalb der Stadt, in der früher angeblich ein Gangster gelebt hat. Sie ist glücklich, aber gleichzeitig auch verwirrt durch all den Erfolg. Sie verabscheut Interviews, weiß nicht, wie man in der Öffentlichkeit auftritt. Um die Angst vor den Journalisten zu überwinden, trinkt sie immer ein paar Gläschen, bevor sie sich mit ihnen trifft. Hinzu kommt die Sorge um das zweite Buch: »Ich hatte *Peyton Place* beendet und stand vor einer schrecklichen Leere.«

Bei einem Interview lernt sie Thomas James Martin, den Moderator eines lokalen Radiosenders, kennen. Er sieht sehr gut aus, ist drei Jahre jünger als Grace und hat eine Stimme, die – um ihre eigenen Worte zu benutzen – an »Ahornsirup mit Vanilleeis« erinnert. Für beide ist es Liebe auf den ersten Blick. Sie unterhalten sich bis morgens um vier, am nächsten Tag verbringen sie gleich die ganze Nacht zusammen. Grace gibt sich keine Mühe, die Beziehung zu vertuschen. Sie möchte, dass Thomas James Martin, den alle TJ nennen, auch ihr Manager wird. Ihrem Ehemann bleibt nichts anderes übrig, als das Feld zu räumen, wobei er sich jedoch weiterhin gemeinsam mit ihr um die Kinder kümmert.

Mit TJ verbringt Grace die sorglosesten Jahre ihres Lebens, sie hat Erfolg, Geld und feiert Partys. Von ihm lernt sie, wie man das Geld verprasst; dafür hat er ein angeborenes Talent. Er überredet sie, einen Wagen mit Klappverdeck zu kaufen, das Haus zu modernisieren und aufwendige Feste für Freunde zu organisieren. Grace hat ihren Alkoholkonsum immer weniger unter Kontrolle. Gemeinsam reisen sie nach Hollywood, offiziell, weil sie angeblich das Drehbuch ihres Films absegnen wollen, de facto jedoch verbringen sie einen langen Urlaub im vom Filmstudio bezahlten Beverly Hills Hotel. Hollywood gefällt ihr nicht: »Alle Frauen sind entweder blond, schwarz- oder rothaarig. Während der gesamten Zeit habe ich keine einzige Frau mit ganz normalem braunem Haar gesehen.« Auch der Film – der unter dem Titel *Glut unter der Asche* in die deutschen Kinos kommt – ist in ihren Augen misslungen, obwohl er unglaublich erfolgreich ist und neun Oscar-Nominierungen erhält.

»Der Film war zu Ende, und ich musste einfach nur heulen«, erklärt sie später einem Journalisten. Die Sorge, den Erfolg von *Peyton Place* nicht wiederholen zu können, wird immer größer. Wenn sie ihre Schreibmaschine anschaue, habe sie das Gefühl, eine Schlange zu sehen, sagt sie. Hinzu kommen die zusehends heftiger werdenden Streitereien mit TJ. Immer wieder verschwindet er. Grace ruft dann mitten in der Nacht bei George an, damit er sie tröstet, doch TJ kehrt jedes Mal zurück. 1958 heiraten sie, um sich bereits zwei Jahre später wieder scheiden zu lassen.

Einer Journalistin, die sie ein paar Jahre zuvor gefragt hat, welche Fehler man beim Heiraten unbedingt vermeiden solle und ob sie sich dieser Fehler schuldig gemacht habe, antwortet sie mit großer Offenheit: »Heirate nicht, wenn du noch zu jung bist, um zu begreifen, was du willst: schuldig. Heirate nicht nur wegen Sex: schuldig. Heirate nicht, wenn es finanziell schwierig wird: oh Leute, und wie schuldig! Mit meinem ersten Mann habe ich vierzehn Jahre lang von der Hand in den Mund gelebt. Heirate nicht, wenn du egoistisch und egozentrisch bist: eindeutig schuldig.«

Die Leute von Peyton Place ist inzwischen öfter verkauft worden als *Vom Winde verweht,* und Grace weiß nicht, was sie aus ihrem Leben machen soll. Den Journalisten, die sie fragen, wie sie ihre Tage verbringt, antwortet sie: »Ich bin mit den Kindern zu Hause und vegetiere vor mich hin«, oder wenn sie besser gestimmt ist: »Ich bin fett und glücklich.« Sie trinkt zu viel. Zwar arbeitet sie an einem neuen Roman, kommt aber nur sehr langsam voran. Schließlich gibt sie dem Drängen ihres Agenten nach und willigt – für eine ungeheure Summe – ein, mit *Rückkehr nach Peyton Place* eine Fortsetzung zu schreiben, die sowohl als Buch als auch als Film erneut ein großer Erfolg wird.

Unter großer Anstrengung schafft sie es, zwei weitere Romane zu verfassen, aber mit keinem der beiden wiederholt sich das Wunder des Debüts. Die letzten Jahre sind schwierig. Sie lebt wieder mit George zusammen, erliegt immer stärker dem Alkohol. Wenn Freunde anrufen, um zu hören, wie es ihr geht, antwortet sie: »Komm vorbei, Schätzchen, und bring was zu trinken mit.« Mehrfach versucht George, ihr zu helfen. Er bringt sie in einer Entzugsklinik in New York unter, doch sie nimmt Reißaus und tingelt mit der Krankenschwester im Schlepptau durch die Nachtlokale der Stadt. Sie willigt ein, zu einem Psychiater zu gehen, verlässt jedoch nach der ersten Sitzung empört die Praxis und erklärt: »Mensch Leute, der Typ hat vielleicht Probleme!«

An der Seite von John Rees, einem feschen Journalisten, der wegen eines Interviews zu ihr ins Haus kommt und es nicht mehr verlassen wird, scheint sie erneut ein wenig Glück zu finden. Wenige Monate später stirbt sie in seinen Armen an Leberversagen. Es ist der 25. Februar 1964. Kurz vor ihrem Tod im Krankenhaus bestellt sie einen Anwalt zu sich, weil sie ihr Testament umschreiben will; sie erklärt John Rees zum Alleinerben und enterbt die Kinder. Bevor sie für immer die Augen schließt, raunt sie ihrem Geliebten noch zu: »Schätzchen, gib gut acht, was du dir wünschst, denn es könnte sein, dass du es bekommst.« Die Familie strengt einen Prozess an, jedoch ohne Erfolg, denn Grace war bei vollem Bewusstsein, als sie beschloss, ihr Testament zu ändern. John Rees muss ihren Nachlass verwalten. Eine Zeit lang plant er, aufbauend auf den Notizen von Grace, einen dritten *Peyton-Place*-Band sowie eine Biografie über sie zu verfassen, aber er bringt nichts zustande. Es ist George Metalious, der sie schließlich schreiben wird.

Louise Bourgeois

Während der letzten Lebensjahre lud sie, den Edeldamen im Frankreich des 17. Jahrhunderts gleich, jeden Sonntag zum Salon in ihre New Yorker Wohnung ein und empfing Künstler, die ihr zu Ehren aus aller Welt gekommen waren. Während sie – zierlich und mit unsicherem Schritt – durch den Raum lief, begrüßten die von ihrem Lebensgefährten und Assistenten Jerry Gorovoy instruierten Gäste sie im Chor mit dem englischen Ausruf: »Holy Mackerel!«, der auf scherzhafte und traditionelle Weise das Staunen gegenüber etwas Heiligem zum Ausdruck bringt. Bis zu ihrem Tod 2010 galt sie als lebende Göttin der Kunst. Ihre großartigen Werke – von den kleinformatigen *Insomnia Drawings* bis hin zu der riesigen Skulptur *Maman* – geben Zeugnis von der unermüdlichen Arbeit, mit der sie wie eine schöpferische Spinne zeitlebens an einem einzigen Netz, dem ihrer Kindheit, webte.

»Wenn man die Vergangenheit nicht gewähren lassen kann, dann muss man sie wiedererschaffen«, hatte sie eines Tages erklärt. Die Vergangenheit ist für Louise Bourgeois eine bürgerliche Familie im Paris des beginnenden 20. Jahrhunderts: der Vater, ein gut aussehender Frauenheld, die Mutter sanft und fleißig, drei Kinder, ein florierender Betrieb zur Restaurierung alter Tapeten, ein Haus mit Atelier vor den Toren der

Hauptstadt, dort, wo die damals noch nicht in den Untergrund verlegte Bièvre an ihren Ufern den Werkstätten Tausender Handwerker Lebensraum bot. Louise Bourgeois wird 1911 geboren, und im engen Rahmen der Familie ist alles bereits vorgegeben: »Mein Name ist Louise Joséphine. Mein Vater hieß Louis, meine Mutter Joséphine.«

Der Vater ist ihr Gott, aber ein verräterischer Gott, der »alle Regeln bricht«. 1922 stellt er für seine Kinder eine blutjunge Englischlehrerin ein – die siebzehnjährige, »katzengleiche« Sadie – und macht sie zu seiner Geliebten. Für die elf Jahre alte Louise, die in Sadie eine Art große Schwester gesehen hat, ist es ein doppelter Verrat. Etwas Unverzeihliches, das ihre Kindheit wie ein Gewehrschuss zerfetzt. Sadie bleibt über zehn Jahre als offizielle Geliebte bei ihnen im Haus. »Weshalb duldete meine Mutter das? Das ist mir schleierhaft. Welche Rolle hatte ich in dem Spiel? Ich war Mitläufer. Sadie hätte meine Lehrerin sein sollen, und de facto benutzte meine Mutter mich, um ihren Ehemann zu überwachen. Das ist Missbrauch Minderjähriger«, schrieb sie Jahre später. »Ich bedaure, immer noch so viel Wut zu verspüren, aber sie ist stärker als ich. Jahrelang habe ich mit dem frustrierenden Gefühl gelebt, Sadie am liebsten den Hals zu brechen und es nicht tun zu können.«

Louise wächst heran und weiß nicht, wohin mit ihrer Wut. Ihre erste Erinnerung an die eigene künstlerische Betätigung sind ihre kleinen Hände, die bei Tisch aus weichen Brotkrumen die Gestalt des Vaters formen, die sie anschließend, während des Familienmahls, Stück um Stück verzehrt. Als Jugendliche gleicht sie einer stets schussbereiten Waffe. Man wirft sie von dem renommierten Lycée Fénelon in Paris, nachdem sie eine Schulkameradin geohrfeigt hat. Die Eltern möchten, dass sie den Familienbetrieb weiterführt, doch sie will Malerin werden. Sie studiert an der Académie des Beaux Arts und lernt in den Ateliers der damals angesehensten Künstler; darunter auch Fernard Léger, der ihre Zukunft erahnt. Er sagt zu ihr: »Ich weiß nicht, warum du malst, Louise. [...] Du bist keine Malerin, du bist Bildhauerin.«

In den 1930er-Jahren lernt sie den jungen Kunsthistoriker Robert Goldwater kennen, der sich in Paris aufhält, um an seiner Doktorarbeit zu schreiben. »Er war auf der Flucht vor seiner Mutter, deshalb war er froh, als er begriff, dass er eine Frau ehelichen konnte, die ihr genaues Gegenteil verkörperte. Für ihn war es ein Sieg. Und ein Sieg war es auch für mich, denn Robert war das genaue Gegenteil meines Vaters.« 1938 heiraten sie und gehen nach New York. Zwei Jahre später kommt Michel hinzu, ein vierjähriger französischer Waisenjunge, den Louise adoptiert, weil sie glaubt, unfruchtbar zu sein. In Wahrheit stimmt das gar nicht. Nach der Adoption bringt sie zwei Söhne, Jean-Louis und Alain, zur Welt.

Dank des Ehemanns lernt sie in New York alle Größen der zeitgenössischen Kunst kennen. Dennoch ist der Anfang nicht leicht: »Die Galerien wussten nicht, was sie mit einer jungen Französin mit drei kleinen Kindern anfangen sollten«, erinnert sie sich. Auf dem Dach ihrer Wohnung in Manhattan errichtet sie die ersten Skulpturen, jene großformatigen *Personnages*, die in ihrer schwindelerregenden Vertikalität den das Haus umgebenden Wolkenkratzern gleichen. Wie von Léger vorausgesehen, findet Louise letztlich mit der Körperlichkeit der Skulptur ihren Weg. Die in Gegenständliches verwandelten Erinnerungen sind etwas, das sich greifen, wegschieben, oder, anders gesagt, kontrollieren lässt: die Wut, das Gefühl der Einsamkeit und vor allem die Angst (die Angst, verlassen zu werden, die für sie die schlimmste von allen ist). Das in etwas Gegenständliches verwandelte Gefühl erscheint weniger bedrohlich. So wird die Kunst zu dem, was sie im Grunde schon immer war: zu einem gewaltigen Exorzismus.

Louise exorziert die Vergangenheit, aber sie bringt sie nicht zum Verschwinden. Seit ihrem zwölften Lebensjahr schreibt sie Tagebuch, jahrzehntelang unterzieht sie sich einer psychoanalytischen Therapie, sie hegt und pflegt ihre Erinnerungen so wie andere ihr Haus. Die Vergangenheit lebt bei ihr in schreienden Installationen wieder auf, in beklemmenden Räumen und kopulierenden Paaren, die mit den Augen eines Kindes beobachtet werden, das einer Szene beiwohnt, die es nicht sehen dürfte: »Kämpfen sie? Haben sie ihren Spaß? Bringen sie sich gegenseitig um?«, schreibt Louise in ihr Tagebuch.

Ihre erste große Installation stammt von 1974, als Louise bereits über 60 Jahre alt ist. Ihr Mann ist tot, die Kinder sind erwachsen. Es ist Zeit, offen mit der Vaterfigur abzurechnen. Sie baut eine große, sperrige Tafel auf, einen geschlossenen Ort, dem man nicht entweichen kann, und betitelt ihn *The Destruction of the Father*. Es ist die Inszenierung einer alten Fantasie. »Wir sitzen bei Tisch, und mein Vater spricht. Ich habe Angst, denn je mehr er spricht, desto größer wird er und desto kleiner werden wir. Plötzlich wird die Spannung unerträglich und wir – ich, meine Mutter, mein Bruder, meine Schwester – packen ihn, ziehen ihn mit ausgebreiteten Armen und Beinen auf den Tisch und zerfetzen ihn. Dann essen wir ihn auf. Ende. Es ist eine Fantasie, aber manchmal sind Fantasien wahrhaft lebendig.«

Die Welt entdeckt Louise Bourgeois, diese aus ihrer Fähigkeit des Erinnerns oder – wenn man so will – Unfähigkeit des Vergessens erwachsende Künstler-Schamanin. Ihre Skulpturen, die Installationen und die von ihr als »Cells« bezeichneten geschlossenen Räume (»Ich mag klaustrophobische Räume. So lernt man zumindest seine Grenzen kennen«) dienen allesamt der Inszenierung der Vergangenheit. Louise Bourgeois experimentiert getreu dem Gebot der zeitgenössischen Kunst: »Moderne Kunst bedeutet, dass man neue Wege finden muss, um sich auszudrücken und den Problemen Ausdruck zu verleihen, dass es keine vorgegebenen Pfade gibt.«

Sie gehört keiner Schule an, und ebendeshalb ist sie so zeitlos. Sie ist Einzelgängerin, eine schwierige Persönlichkeit. Und sie steckt voller Ängste: die Angst vor der Nacht, vor offenen Räumen, davor, zu stürzen. Ihre Wutausbrüche sind legendär. Wenn sie gerade in ihrer schlechten Phase steckt, warnen sich die Freunde gegenseitig: »Passt auf, heute gibt es ein *grand mal*.« Ihr selbst ist das sehr wohl bewusst, diese Seiten ihrer Persönlichkeit streitet sie keineswegs ab: »Ich zerbreche alles, was mir zwischen die Finger kommt, weil ich gewaltsam bin. Ich zerstöre Freundschaften, die Liebe, die Kinder. Ich zerbreche Dinge, weil ich verängstigt bin.« 1982 wird sie mit einer umfassenden Retrospektive im New Yorker MOMA zu einer der ganz Großen gekürt, und ab diesem Zeitpunkt bleibt Louise Bourgeois auf ihrem Thron. Man vergleicht sie mit ihren Lieblingskünstlern: Brancusi, Giacometti, Bacon. Unermüdlich erschafft sie Neues und spricht so wenig wie möglich: »Oberstes Gebot des Künstlers ist die Konzentration – die Wahrung vollkommener Stille.«

Feministinnen erkennen sich in ihren Arbeiten wieder, doch mit einer Gefolgschaft kann sie nichts anfangen. »Ich bin eine Frau, ich brauche keine Feministin zu sein«, fertigt sie die Journalisten ab. Kritiker betonen ihre große Experimentierfreude, doch sie gesteht, stets nur um sich selbst zu kreisen: »Meine Arbeit ist obsessiv. Sie zielt nicht auf das Publikum ab«, erklärt sie. Robert Mapplethorpe fotografiert sie mit einer ihrer bekanntesten Skulpturen – einem großen, zärtlich *Fillette* betitelten Phallus – um daran zu erinnern, welch unverrückbarer Bezugspunkt die Sexualität in ihrer Kunst ist, wobei auch das ihrer Vergangenheit geschuldet ist. »Ich war an der École des Beaux-Arts in Paris, wir zeichneten mit einem männlichen Aktmodell. Eines Tages fiel sein Blick auf eine der jungen Frauen, und plötzlich hatte er eine Erektion. Zuerst war ich schockiert, dann dachte ich: wie wunderbar, seine eigene Verletzlichkeit zu enthüllen ...«

Ihre Skulpturen sind phallisch, aber auf eine ihnen ganz eigene Art. Es sind Gebilde mit Auswüchsen, die an Eicheln und Brustwarzen erinnern, mehrdeutige, gleichzeitig männliche und weibliche Körper, bis zur äußersten Konsequenz entwickelte sexuelle Metaphern. Dahinter steckt nicht unbedingt Penisneid, sondern eher Ambivalenz: »Ich interessiere mich sehr für weibliche Formen – zu Wolken zusammengeballte Brüste – aber oft gehe ich darüber hinaus: phallische Brüste, männlich oder weiblich, aktiv oder passiv.« Vor allem ist es die Fähigkeit, zu lachen und denen zuzuzwinkern, die mit ihr lachen wollen: »Aus sexueller Sicht finde ich männliche Attribute äußerst zart, wir Frauen müssen sie beschützen.«

Albertine Sarrazin

Dreißig Jahre erbärmliches Leben, acht davon im Gefängnis, zwei als literarische Berühmtheit, dann der plötzliche Tod, wegen eines dummen Fehlers der Ärzte. So lässt sich das kurze Dasein Albertine Sarrazins zusammenfassen, deren Gesicht – wie bei allen früh verstorbenen Helden – für immer das der Jugend bleiben wird.

1937 wird sie in Algerien in ein Ambiente hineingeboren, das an billiges Boulevardtheater erinnert. Der Vater, ein Militärarzt, hat seine fünfzehnjährige Hausangestellte vergewaltigt und geschwängert und zwingt das junge Mädchen, ihr Neugeborenes – die kleine Albertine – beim Fürsorgeamt abzugeben, um das Mädchen zwei Jahre später gemeinsam mit seiner ahnungslosen Ehefrau zu adoptieren. Die Eltern sind alt und streng. Bereits bei ihren ersten Eskapaden konfrontieren sie Albertine mit der Wahrheit – dass sie ein Waisenkind von der Straße sei –, auch wenn sie die ganze Wahrheit – dass jener finstere Mann, der sie adoptiert hat, tatsächlich ihr leiblicher Vater ist – niemals erfahren wird, da die Sache erst nach ihrem Tod ans Licht kommt. Als sie zehn Jahre alt ist, verlässt die Familie Algerien und zieht nach Frankreich. Hier setzt sich das Drama fort, als Albertine von einem Verwandten vergewaltigt wird, ohne dass irgendjemand davon erfährt. Im Stich gelassen, wiederaufgenommen, gedemütigt, vergewaltigt – ihr Leben als Opfer scheint vorgezeichnet. Die einzige Rettung ist das Schreiben. Sie ist eine ausgezeichnete Schülerin, schreibt bereits in frühen Jahren Gedichte und entwirft Romane, liest alle Bücher des Vaters und spielt Geige. Dennoch zögern die Eltern lange, als sie darum bittet, aufs Gymnasium gehen zu dürfen.

Mit 14 Jahren ergreift sie zum ersten Mal die Flucht und bleibt zwei Tage lang verschwunden. Ihr herrischer Vater zerstört wie immer alles. Er lässt sie von einem Psychiater untersuchen und steckt sie in eine Anstalt für schwer erziehbare Mädchen in Marseille. In seiner Machtversessenheit hat er beim Jugendgericht die *correction paternelle*, also das gesetzlich verbriefte Züchtigungsrecht, erwirkt und lässt Albertine unter Aufsicht zweier Polizisten in die Anstalt bringen. Dort soll sie bis zu ihrer Volljährigkeit – die damals bei 21 lag – eine sechsjährige Strafe verbüßen. Doch bereits nach einem Jahr flieht Albertine, ergreift, als sie in einem städtischen Schulgebäude eine Prüfung ablegen soll, die Gelegenheit und entkommt durch die Hintertür. Richtung Paris. Per Anhalter, dabei gerät sie oft an die Falschen. Sie ist minderjährig, wird von der Polizei gesucht, und als sie in Paris ankommt, kennt sie das Leben im Untergrund und als Straßenprostituierte bereits sehr genau.

In Saint-Germain-des-Prés, wo sie auf den Strich geht, nennt man sie Anika, und jeder weiß, dass sie Dichterin ist. In ihr Tagebuch schreibt sie: »Ich habe Wolken unter den Füßen.« Kurze Zeit später taucht eine Gefährtin aus der Anstalt bei ihr auf, die ebenfalls auf der Flucht ist. Gemeinsam begehen sie Ladendiebstähle, gehen dabei jedoch nicht gerade professionell vor und werden schon bald geschnappt. Albertines Eltern lehnen es ab, dass ihr vor Gericht ein Anwalt an die Seite gestellt wird. Sie haben bereits alles in die Wege geleitet, um die Adoption amtlich zu annullieren.

Die zu sieben Jahren Haft verurteilte Albertine ist anders als die anderen Häftlinge. Rebellisch, unruhig, hochgebildet, liest sie alles, was ihr zwischen die Finger kommt, und besteht mit Bravour den zweiten Teil ihrer Abiturprüfung, diesmal in Handschellen und bis zum Schulgebäude in Begleitung von Gefängniswärtern. Jahrelang schreibt sie Briefe an die Adoptivmutter – an jene Frau, die sie, wie Albertine es ausdrückt, »gekauft und wieder verkauft« hat – ohne jemals Antwort zu erhalten.

Am 19. April 1957 entkommt sie. Der Hof des auf dem Land gelegenen Gefängnisses, in dem man sie untergebracht hat, ist von einer zehn Meter hohen Mauer umgeben. In der Dunkelheit der Nacht springt sie ins Leere. Beim Sturz bricht sie sich einen kleinen Fußknochen, den Astragalus, der später titelgebend für ihr berühmtestes Buch sein wird. Die Schmerzen sind furchtbar, es ist eiskalt. Sie schleppt sich bis zur Landstraße, wo sie versucht, die Aufmerksamkeit der wenigen vorbeikommenden Autofahrer auf sich zu lenken. Ein Mann hält an, er begreift, was los ist, nimmt sie mit und versteckt sie bei seiner Mutter. Er ist 33 Jahre alt und heißt Julien Sarrazin, ein Kleinkrimineller wie sie selbst, der für Albertine jedoch stets *le héros,* der Held, bleiben wird.

Es ist der Beginn eines seltsamen Märchens. Eine junge Frau flieht mit einem unbedachten Sprung und findet ihre große Liebe. Ein Mann mit heikler Vergangenheit fährt auf einer Straße und liest die Frau seines Lebens auf. Julien pflegt Albertine, er bringt sie unter falschem Namen ins Krankenhaus, damit man ihren Fuß operiert, wobei sie allerdings immer etwas hinken wird, und er besorgt ihr kleine Arbeiten unter der Hand. Vor allem aber begeht er Diebstähle, und als man ihn verhaftet, ist Albertine wieder allein, steht auf der Straße. Aber da sie auf ihre Weise Glück mit Männern hat, begegnet sie einem weiteren Kavalier, dem deutlich älteren, finanziell gut gestellten Maurice Bouvier, der für sie stets »der Onkel« ist, der sie liebt und sie unterstützt. Als man Julien aus dem Gefängnis entlässt, zieht er sich freiwillig zurück und wird der engste Freund des Paares.

Albertine und Julien – wegen ihrer Gefängnisstrafen oft voneinander getrennt – schreiben sich regelmäßig. Albertines Briefe sind anders als alles, was Julien jemals gelesen hat. Leidenschaftlich und offen spricht sie von ihren Gefühlen, ihrer Liebe für ihn. Sobald er entlassen wird, nehmen sie ihr gewohntes Gaunerleben wieder auf. Permanent sind sie auf der Flucht. Sie hat keine Angst, es ist das einzige Leben, das sie kennt: im Schutz der Nacht und von der Hand in den Mund. Wenn sie zusammen verhaftet werden und gleichzeitig im Gefängnis sitzen, überbrückt sie die Distanz mit Briefen, die zweimal pro Woche gestattet sind, vor allem aber mit ihren heimlichen *biftons*, kleinen, eng beschriebenen Zettelchen, die der Gefängniskoch in Konservendosen aus der Strafanstalt schmuggelt. Aus Erfahrung weiß sie, dass jedes Blatt Papier konfisziert wird, doch sie will, dass ihre Worte erhalten bleiben. Schon zu viele Tagebücher sind auf diesem Weg verloren gegangen. Heute sind diese heimlichen Niederschriften im *Journal de Prison* zusammengefasst und gelten als Klassiker.

1958, endlich volljährig, heiratet sie Julien und nimmt seinen Namen, Sarrazin, an, mit dem sie berühmt werden sollte. Die Trauung dauert nur neun Minuten und erfolgt unter Polizeiaufsicht, da Albertine noch eine kurze Haft zu verbüßen hat. Im Gefängnis liest sie sehr viel – Koestler, Montherlant, Colette, Mallarmé –, lernt Spanisch und wird Expertin für Kreuzworträtsel. Zweimal pro Monat sieht sie Julien im Besucherraum. Hin und wieder landet auch er für ein paar Monate hinter Gittern, dann fühlen sie sich einander näher. Mit Albertines Gesundheit geht es, geschwächt durch das Leben in der Zelle, allmählich bergab. Sie leidet unter rheumatischen Beschwerden und Unterleibsschmerzen. Sie bemüht sich, ihr Idealgewicht von 44 Kilo zu halten – »Chopin-Gewicht« nennt sie es, nachdem sie entdeckt hat, dass der berühmte Musiker genau so viel wog –, denn im Gefängnis nimmt man leicht zu. Nach verbüßter Strafe kommt sie 1960 frei. Doch kaum ein Jahr später landen beide wegen Diebstahls erneut hinter Gittern.

Die Anwältin, die Albertines Talent erkannt hat und sich ihrer annimmt – Albertine sieht in ihr eine Art Ersatzmutter, nennt sie *mon seizième de mère* –, schickt zwei ihrer Romane an einige Verlage. Auch Simone de Beauvoir liest sie und ist von ihnen sehr beeindruckt: »Zum ersten Mal spricht eine Frau über ihre Gefängnisse.« Endlich kommt aus Paris die Antwort des Verlegers Jean-Jacques Pauvert, der beide gleichzeitig veröffentlichen will: *Der Astragal* und *Kassiber*.

Für Albertine erfüllt sich ein Traum. Nach der Haftentlassung versucht sie zu arbeiten, zunächst in einem Kaufhaus, dann bei einer Zeitschrift. Die Kollegen wissen nichts von ihrer Vergangenheit, aber sie ahnen, dass diese dunkelhaarige scheue Frau nicht so ist wie die anderen: »Man spürte ihre Unbeständigkeit, sie brauchte immer eine Tür oder ein offenes Fenster«, erinnert sich einer von ihnen. Ihr treuer Freund Maurice kauft ein Landhaus im südfranzösischen Département Gard und schlägt Julien und Albertine vor, bei ihm zu leben. Sie richtet sich ihr Arbeitszimmer ein, eine Art Zelle mit einem winzigen Fenster, und gestaltet die Wohnräume, den Garten. »Ich werde Bäume für meine Kinder pflanzen«, schreibt sie. Doch zu ihrem großen Kummer wird sie nicht schwanger.

Damit sie Autogramme und Interviews in Paris geben kann, braucht sie die gerichtliche Erlaubnis, denn aufgrund der früheren Verurteilungen darf sie nicht in der Hauptstadt wohnen. Doch inzwischen ist sie ein Star. Interviews, Buchvorstellungen, Widmungen. Endlich hat sie ihr Glück gefunden. Es ist weniger der Ruhm oder der Erfolg, wie sie sagt, sondern vielmehr die Tatsache, dass sie endlich die im Gefängnis verbrachten Jahre hinter sich lassen kann. Ihr Vater ist tot. Albertine würde ihm gern ihr drittes Buch widmen, wird von der Verwandtschaft jedoch daran gehindert und schreibt schließlich nur: »Für meinen Ex-Vater«. Ihre Mutter weigert sich, sie zu sehen, und zieht sich in ein Kloster zurück.

Albertine könnte all das hinter sich lassen und von ihrem Erfolg zehren. Doch ihre Gesundheit ist instabil. Immer wieder muss sie ins Krankenhaus, lässt sich unter anderem am Fuß operieren »von einem Chirurgen, der ebenso berühmt ist wie mein Astragal«. Jedes Mal hat sie Angst, unterm Messer zu sterben, und schreibt lange Abschiedsbriefe an Julien: »Mein Vater und meine Mutter, meine Liebe, mein ganzes Leben.« Am 10. Juli 1967 muss sie wieder ins Krankenhaus, wo sie sich der dritten Operation innerhalb von sechs Monaten unterzieht. Während man sie, bereits unter Narkose, in den Operationssaal bringt, trällert sie vor sich hin. So stirbt sie, absurderweise wegen einer Komplikation bei der Anästhesie. Journalisten und ihre wenigen Freunde eilen herbei. Mit ihrer letzten Flucht bringt Albertine ein weiteres Mal alle zum Staunen.

Julien verklagt die Ärzte. Er kann diesen Tod nicht hinnehmen, und nach dreijährigem Prozess erwirkt er endlich eine Verurteilung. Derweil sind die erste Biografie der Autorin und die erste englische Übersetzung eines ihrer Werke erschienen. Albertine Sarrazin sorgt auch im Ausland für literarisches Aufsehen. Julien bleibt ihr treu, lebt weiter in dem gemeinsamen Haus. Er gründet die Stiftung Albertine Sarrazin sowie einen Verlag, verfolgt die Veröffentlichung all ihrer Bücher, betreut ihre posthum erschienenen Werke. Bis zu seinem Tod 1991 feiert er jedes Jahr den Tag ihrer allerersten Begegnung.

Tove Jansson

Die Mumins, jene geheimnisvollen, aus den dunklen Wäldern Skandinaviens stammenden Geschöpfe für Kinder, haben nicht nur in Form von Büchern, sondern auch in Filmen, als Dekorationsobjekte und Maskottchen die Welt erobert. Doch nur wenige kennen die Person, die sie erfunden hat: Tove Jansson, jene nordische Frau mit dem koboldhaften Gesicht und dem herben Charakter, die ihr Liebesleben vertuschen musste, da Homosexualität zu ihrer Zeit noch als Verbrechen galt, und die als heimlicher Weltstar ihr gesamtes Leben in Helsinki und auf den wilden Inseln jener Gegend verbracht hat.

1914 kommt sie als Finnlandschwedin in einer Künstlerfamilie zur Welt. Ihr Vater Viktor, genannt Faffan, ist Bildhauer, ihre Mutter Signe, genannte Ham, ist Malerin. Alle im Haus sind kreativ, auch die beiden nach ihr geborenen Brüder, von denen einer Fotograf, der andere Schriftsteller wird. Sie wächst im Atelier der Eltern auf, lernt das Zeichnen buchstäblich auf dem Schoß der Mutter, die sie in Farbgebung und Strichführung unterweist und die mit ihren abendlichen Gutenachtgeschichten zu Toves erster Inspirationsquelle wird. Den Sommer verbringen alle gemeinsam auf einer der Inseln vor der Küste Helsinkis, wo es weder elektrisches Licht noch fließendes Wasser gibt und man wie die Piraten haust.

Schon in sehr jungen Jahren legt sie ein außergewöhnliches Talent an den Tag. Mit wunderbarer Leichtigkeit entstehen Bilder unter ihrer Hand: Familienporträts, Fantasiegestalten, lustige Comics, drollige Begebenheiten. Stets bildet die Mutter den Mittelpunkt wie in den Geschichten von den Mumins: »Mama malt mich und ich male Mama«, fasst sie in ihrem Tagebuch zusammen. Mit 14 verkauft sie ihre ersten Zeichnungen an eine Zeitung, um die Mutter zu unterstützen, die mit ihrer Arbeit als Illustratorin als Einzige für regelmäßige Familieneinkünfte sorgt. Sie mag die Schule nicht, sagt, sie täte ihr nicht gut, und zieht es vor, Museen zu besuchen oder die Natur zu betrachten. Lange Stunden verbringt sie am stürmischen Meer. Sie studiert Kunst, zunächst in Stockholm, später in Helsinki, vor allem aber geht sie auf Reisen. Noch blutjung, gelingt es ihr, sich mit ihren ersten Arbeiten eine Reise nach Italien zu finanzieren. Alleine und aufs Geratewohl bricht sie auf, mit wenig Geld und kaum Kleidung. »Es lebe das leichte Gepäck«, erklärt sie in ihrem Tagebuch. Sie verbringt viel Zeit mit dem Besichtigen der großen Meister, der mittelalterlichen Altartafeln, in den Uffizien, doch am meisten beeindruckt sie das Schauspiel des Vesuvs. Sie steigt auf den Vulkan, würde am liebsten die Nacht oben verbringen, um der Stimme dieses Berges zu lauschen, aber der Fremdenführer gestattet es nicht.

Ihre Mumin-Bücher entstehen während der dunklen Jahre des Zweiten Weltkriegs, als Finnland in Anhänger der Nationalsozialisten und in Freunde der Sowjetunion gespalten ist. Schon seit jeher hat Tove diese merkwürdigen weißen, von nordischem Brauchtum inspirierten Geschöpfe gezeichnet, die halb an Nilpferde und halb an Trolle erinnern. Ihr Ursprung verliert sich im Nebel ihrer Kindheit. Vielleicht, so versucht sie später gegenüber Journalisten zu rekonstruieren, hatte alles nach einem Streit mit einem ihrer Brüder begonnen, als sie sich wütend vornahm, »das hässlichste Lebewesen der Welt« zu zeichnen, und dabei jenes ulkige, plumpe, kleine Geschöpf mit der zu großen Nase und dem zu dünnen Schwanz herauskam. Überall tauchten sie auf: in den Ecken ihrer Tagebücher, am Ende von Briefen, neben ihrer Unterschrift. Aber erst während des Krieges erfindet sie dazu Geschichten: »Es war im Kriegswinter 1939, als ich plötzlich das Bedürfnis verspürte, etwas zu schreiben, das mit ›Es war einmal‹ beginnt.«

Nach Kriegsende bewegt ein Freund sie dazu, eine der Mumin-Geschichten an einen Verleger zu schicken. Das erste Buch bleibt unbeachtet, doch Tove schreibt weiter. Es geht ihr nicht um Erfolg, sie hat einfach nur das Bedürfnis, von ihren kleinen Freunden und deren abgelegenem Tal zu erzählen. 1946 und 1948 veröffentlicht sie zwei weitere Bücher. Es sind Geschichten, in die sie alles von sich hineinlegt: ihre Kindheitserinnerungen, die Liebe zur Familie, den Feminismus, die Wertschätzung der Natur und kindliche Ängste. Die Mumins werden oft von schrecklichen Dingen bedroht – einem Kometen, einer Überschwemmung –, doch am Ende eines jeden Abenteuers scharen sich immer wieder alle in dem Turmhaus um die Figur der liebevollen Mumin-Mama zusammen. Es sind Geschichten, in denen man sich erst fürchtet und dann in Sicherheit bringt, wie es sich für ein Märchen gehört. Einer der ersten Kritiker in Schweden, wo ihre Bücher immer erfolgreicher werden, ist der Meinung, sie seien für Kinder ungeeignet, da die Mumins Schimpfwörter benutzen, rauchen und seltsame Dinge treiben.

Tove kümmert sich nicht darum. Nie hat sie jemandem Moralvorschriften machen wollen. Von klein auf ist ihr Gefühlsleben alles andere als konventionell. Als Studentin verliebt sie sich in ihren sehr viel älteren Kunstprofessor, dann lebt sie jahrelang in einer losen Beziehung mit einer Journalistin, was bei vielen für Empörung sorgt. »Ich kann nicht heiraten. Ich bin nicht dazu geeignet, jemanden zu bewundern und zu trösten«, erklärt sie einer Freundin. »Und ich weigere mich, Kinder in die Welt zu setzen, die später in irgendwelchen Kriegen ihr Leben lassen müssen.« Schließlich verliebt sie sich bis über beide Ohren in Vivica, die beim Theater arbeitet. Damals ist Homosexualität in Finnland ein gesetzlich zu ahndendes Delikt. Eine Zeit lang sehen sie sich heimlich, halten ihre Liebe hauptsächlich durch leidenschaftliche Briefe aufrecht, bis Vivica, die verheiratet ist, der Beziehung ein Ende setzt. Sie bleiben ein Leben lang Freundinnen, und viele Jahre später wird Vivica die Mumins an den Theatern der Stadt auf die Bühne bringen.

Mit der Zeit werden die Mumins immer erfolgreicher, und sie erscheinen in englischer Übersetzung. Als die Zeitung *Evening News* Tove Jansson um einen wöchentlichen Comicstrip mit den Mumins bittet, bedeutet das für sie den internationalen Durchbruch. Schon bald erreichen ihre Comicstrips dank *Evening News* und der mit ihr kooperierenden Presse in 20 Ländern ein Millionenpublikum. Ein regelrechter Mumin-Hype entsteht, insbesondere in Japan, wo der erste durch diese lustigen Tierchen aus dem Norden inspirierte Animationsfilm entsteht. Tove bekommt erste Anfragen, sie als Motive für Tassen, Tapeten, T-Shirts, Notizbücher, Kalender, Briefpapier und Puzzles zu verwenden oder sie als Stofftiere zu gestalten. Ein wenig überrumpelt, gibt sie sich alle Mühe, den vielen Vorschlägen nachzukommen, und versucht sich als Geschäftsfrau, doch sobald sie einen Scheck erhält, gibt sie das Geld sofort aus und notiert dann zufrieden in ihrem Tagebuch: »Fürs Erste bin ich wieder mittellos!«

Sie geht auf die vierzig zu und ist unverhofft und ohne es darauf angelegt zu haben, zur Erfolgsautorin geworden. In jenen Jahren begegnet sie der Frau, mit der sie den Rest ihres Lebens verbringen wird: Tuulikki Pietilä. Tove lernt sie 1955 auf einer Party kennen und fordert sie zum Tanzen auf. Tuulikki lehnt ab, da sie weiß, dass sie soziale Konventionen brechen würden, aber ein paar Tage später kommt sie zu ihr ins Atelier, und von diesem Augenblick an weicht sie nicht mehr von ihrer Seite. Tuulikki, die sofort den Spitznamen »Tooti« erhält, ist ebenfalls Künstlerin. Im Winter arbeiten beide in der Stadt, in zwei nebeneinander gelegenen Ateliers, im Sommer ziehen sie auf die Inseln, wo Tove nach wie vor Inspiration findet. »Du wirst anders und hast neue Gedanken, wenn du lange Zeit nur mit dem Meer und dir allein lebst«, schreibt sie ins Tagebuch. Nun, da sie genügend Geld hat, kann sie eine ganze Insel für sich alleine pachten und sich ein Holzhaus mit vielen Fenstern bauen, um ihre Einsamkeit zu wahren. Alles ist spartanisch wie in ihrer Kindheit: Kerzenlicht, mit dem Boot herbeigeschafftes Wasser, lange abendliche Gespräche vor dem Feuer. Als lästig empfindet sie lediglich den eigenen stets wachsenden Ruhm und die Journalisten und Bewunderer, die immer öfter unaufgefordert auf der Insel landen. Sooft es geht, unternehmen Tove und Tooti lange Reisen ins Ausland, wo sie sich als Paar freier bewegen können. Sie fahren nach Griechenland, Italien, Frankreich. Einmal gönnen sie sich sogar eine echte Weltreise und sind acht Monate ununterbrochen unterwegs.

Tove bekommt die Mumins, die ihr wenig Zeit fürs Malen lassen, allmählich satt, aber Tooti ist weiterhin von ihnen begeistert. So schreibt Tove schließlich für sie jenen 1957 erschienenen Band *Winter im Mumintal*, der als ihr Meisterwerk gelten dürfte. Eine der Figuren verkörpert offenkundig

Tooti: winzig klein, mürrisch und zerzaust, schafft sie es dennoch, in dem kleinen Mumin, der zu früh aus dem Winterschlaf erwacht ist, die Liebe für den Winter zu wecken. Die Lebensphilosophie der Mumins wird zum Untersuchungsgegenstand an Universitäten, ihre Wesensart liefert Diskussionsstoff in den Zeitungen: »Es sind weder Trolle noch Tiere. Es sind Geschöpfe«, beendet sie die Debatte. Die Literaturpreise und Einladungen zu Buchvorstellungen häufen sich. Tove lässt sich nur darauf ein, wenn es unbedingt sein muss. Sie mag die Massen nicht, und inzwischen mag sie auch die Mumins nicht mehr.

Ab den 1960er-Jahren setzt sie alles daran, sie in der Öffentlichkeit in Vergessenheit geraten zu lassen. Sie schreibt nicht mehr über sie, sondern veröffentlicht nur noch Bücher für Erwachsene, die ihre Verleger, in der Hoffnung auf eine nächste Mumin-Folge, nur widerwillig akzeptieren. Sie illustriert Lewis Carroll und Tolkien und schafft damit zwei Meisterwerke. Vor allem aber malt sie, organisiert Ausstellungen mit ihren Gemälden, um den Kritikern ins Gedächtnis zu rufen, was sie eigentlich in ihrem Leben vorhatte. Das einzige Zugeständnis, das sie an den Ruhm der Vergangenheit macht, ist, dass sie auf die unzähligen Briefe antwortet, die ihr Leser aus der ganzen Welt zusenden: »Nicht zu antworten, würde meine Arbeit mehr stören, als zu antworten.« Stets bewältigt sie ein großes Arbeitspensum. Sie schreibt Romane, Erzählungen, eine Autobiografie, sie malt Gemälde und Wandbilder, fertigt Bühnenkostüme fürs Theater.

Dass sie gealtert ist, bemerkt sie, als ihr der dreimonatige Aufenthalt auf der einsamen Insel beschwerlich wird: »Im letzten Sommer geschah dann etwas Unverzeihliches; ich begann, das Meer zu fürchten«, schreibt sie in ihr Tagebuch. 2001 stirbt sie, ohne jemals auch nur einen Tag nicht bis zur Gänze ausgekostet zu haben. »Ich will einfach nur in Frieden leben, Kartoffeln pflanzen und träumen«, legt sie einer ihrer Figuren in den Mund. Ihr eigenes Leben ließe sich nicht treffender zusammenfassen.

Jean Rhys

Mit 76 Jahren, als alle sie bereits für tot hielten, wurde sie berühmt. Ihr Leben bestand aus einer permanenten Serie von Katastrophen, und ihre Bücher erzählen von Kummer, Einsamkeit und verletzter Liebe. Über einen ihrer Romane – *Guten Morgen Mitternacht* – sagte Rebecca West: »Man sollte dieses Buch nur aufschlagen, wenn man glücklich verheiratet, extrem reich und bei bester Gesundheit ist.« Dennoch verspürt man etwa beim Lesen ihres als Meisterwerk geltenden Buches *Die weite Sargassosee* eine unterschwellige, großartige, lebensnahe, wie eine kostbare Frucht sich offenbarende Kraft, durch die alles gerettet wird. Auch ihre eigene traurige Geschichte.

Eigentlich kommt die 1890 geborene Jean Rhys in einem Paradies – der Karibik – zur Welt. Doch verliert sie es rasch, als sie 1907 nach London zieht – ein »verseuchtes, stinkendes Loch« –, ebenso rasch, wie sie ihre große Liebe verliert – ein Ereignis, das sie wie einen ersten Tod erlebt, »einen Tod, den niemand sieht«.

»Mit siebzehn kam ich nach England, mit dreiundzwanzig bin ich gestorben«, schreibt sie später in ihren Memoiren. Er heißt Lancelot Grey Hugh Smith, ist wohlhabend, 20 Jahre älter als sie, sieht sie als seine Geliebte und denkt keinen Augenblick daran, sie zu heiraten. Jean ist völlig mittellos, sie arbeitet als Tänzerin und hat nichts, worauf sie sich berufen könnte, »weder Stolz noch Namen noch Gesicht noch Land«. Nur zwei große, traurige, verführerische Augen. Und einen merkwürdigen kreolischen Akzent. Dazu einen ausgeprägten Glauben an Geister, den sie von den schwarzen Kindermädchen übernommen hat, als sie noch ein kleines Kind war und abends vor dem Bett kniend betete: »Lieber Gott, lass mich eine Schwarze werden.«

Die Beziehung mit Lancelot dauert kaum ein Jahr. Sie wird ungewollt schwanger und treibt heimlich ab, ein Trauma, das Jean später literarisch verarbeitet. Am Ende zieht er sich, verschreckt durch die Intensität der Gefühle dieser exotischen jungen Frau, zurück, hinterlässt ihr einen Rosenstock, ein Perserkätzchen und einen regelmäßigen Unterhalt, der ihr über eine Anwaltskanzlei ausgezahlt wird. Eine allmonatliche Demütigung – »wir ersuchen um die Empfangsbestätigung der erfolgten Zahlung« –, ohne die sie, da mittellos und ohne Arbeit, jedoch nicht über die Runden käme.

Über die ersten Jahre nach dieser Trennung ist nicht viel bekannt. Jean zieht von einem Hotel ins nächste, von einem Mann zum andern. Sie denkt an Suizid, wählt jedoch am Ende die Flasche, ein Trost, der ihr schon bald unverzichtbar wird. »Einen Tag betrunken, zwei Tage lang Kopfschmerzen. Regelmäßig wie die Uhr«, schreibt sie Jahre später. 1919 bietet ihr ein Fremder einen Ausweg. Er heißt Jean Lenglet, ist niederländischer Journalist, der merkwürdige Gelegenheitsarbeiten übernimmt und möglicherweise sogar ein Kriegsspion der Franzosen ist. Als er ihr vorschlägt zu heiraten, klammert sie sich wie eine Schiffbrüchige an ihn: »Endlich gab es für mich ein Entkommen. Ich sagte: ›Ja, ich willige ein.‹« An Lancelot schreibt sie, dass sie sein Geld nicht mehr brauche, und verlässt London mit dem Vorsatz, nie wieder einen Fuß dorthin zu setzen.

Voller Begeisterung geht sie mit Lenglet nach Paris. »Es war wunderbar, wir saßen in der Sonne und tranken Weißwein.« Doch schon bald verkomplizieren sich die Dinge. Sie haben kein Geld, leben auf Pump. Ein Sohn, William, kommt zur Welt und stirbt wenig später an einer Lungenentzündung. Einige Jahre lang führen sie offenbar ein geregeltes Leben in Wien, wo Lenglet als Sekretär einer internationalen Abrüstungskommission arbeitet. Aber auch damit ist es bald vorbei, und zwar auf äußerst unschöne Weise. Lenglet wird bezichtigt, Gelder der Kommission veruntreut zu haben, und landet im Gefängnis. Jean ist in Paris, steht allein da mit ihrer gerade geborenen Tochter Maryvonne. Erneut Armut und Hotelzimmer, in denen es nach Essen und schmutziger Wäsche riecht. »Ich war nicht in der Lage, diesem lieben Gott der Entbehrung aufs Neue mit Würde und Mut zu begegnen«, erklärt sie später in ihren Memoiren.

Das Schreiben, dem sie sich seit Längerem widmet, wird ihre Rettung. Jemand weist den englischen Schriftsteller und Chef einer Pariser Zeitschrift, Ford Madox Ford, der gern neue Talente entdeckt, auf ihre Manuskripte hin. Ford ist tief beeindruckt von ihren Texten und auch von ihr. Er liest sie buchstäblich von der Straße auf, gibt ihr die Möglichkeit, ihre Bücher zu veröffentlichen, und führt mit ihr und seiner Ehefrau eine Dreiecksbeziehung, die rund ein Jahr dauert. Jean, die ihre Tochter dem inzwischen aus dem Gefängnis entlassenen Ehemann anvertraut hat, bleibt auch nach dem Ende der Beziehung zu Ford in Paris und veröffentlicht weiter ihre Bücher. Um sich über Wasser zu halten, nimmt sie die merkwürdigsten Jobs an, etwa als Englischlehrerin für reiche Franzosen oder später als Sekretärin einer exzentrischen alten Dame, die sich für die Reinkarnation von Madame Pompadour hält.

Ihr Name beginnt in literarischen Kreisen zu kursieren. Ihre traurigen Heldinnen – passive Frauen mit den Augen verletzter Tiere – beeindrucken die Kritiker. 1927 geht sie auf der Suche nach einem Agenten zurück nach London und findet dabei gleichzeitig einen neuen Ehemann. Leslie Tilden-Smith ist bereit, sie zu vertreten, und bewegt sie dazu, sich von Lenglet scheiden zu lassen und ihn zu heiraten. Er ist ein feinfühliger Mann und absolut überzeugt von ihrer Genialität als Schriftstellerin. Er ermutigt sie zum Schreiben, reißt ihr die Manuskripte buchstäblich aus der Hand und legt sie den Verlagen vor, erträgt geduldig ihren schwierigen Charakter und ihre Alkoholexzesse, während derer Jean oft gewalttätig wird. 1945 stirbt er in ihren Armen an einem Herzinfarkt. In ihrem Tagebuch erinnert sie sich daran: »Langsam, sehr, sehr langsam, wie in einem Albtraum.«

Wieder bleibt Jean allein zurück, und wieder kommt ihr ein Mann zu Hilfe, Leslies Cousin Max Hammer, der sich nach dessen Tod um die Geschäfte kümmert. Wie alle anderen auch ist er fasziniert von dieser verletzten und lebensunfähigen Frau. Er lässt sich von seiner Ehefrau scheiden, und 1947 heiraten die beiden. Es wird die glücklichste von Jeans merkwürdigen Ehen. Dieser fröhliche, schlichte Mann, der nichts von Büchern versteht und Geschäfte mit ungedeckten Schecks betreibt, schafft es, dass sie ein bisschen weniger Traurigkeit verspürt. Aber auch er gerät wegen Betruges mit dem Gesetz in Konflikt und stirbt frühzeitig, geschwächt durch zwei Jahre Gefängnishaft.

In den 1950er-Jahren führt Jean nur noch ein schriftstellerisches Schattendasein. Ihre Bücher sind in Vergessenheit geraten. Sie lebt in Gesellschaft ihrer Ginflaschen und zankt sich mit den Nachbarn, die sie für eine gefährliche alte Hexe halten. Eines Tages wird sie durch eine Zeitungsannonce aufgerüttelt: Die Schauspielerin Selma Vaz Dias will ein altes Werk von Jean Rhys für den Rundfunk bearbeiten und versucht herauszufinden, ob die Autorin noch am Leben ist. »Gerade noch rechtzeitig«, antwortet Jean ihr in einem Brief. »Ich war schon fast am Ende.«

Selma Vaz Dias sendet die Geschichte in der BBC und veröffentlicht einen Artikel über diese geheimnisvolle Autorin, wodurch in der Literaturszene erneut Interesse an ihr erwacht. Ein anderer Autor, Francis Wyndham, besucht sie und ermuntert sie, wieder mit dem Schreiben zu beginnen und vor allem das Buch zu beenden, das ihr seit jeher auf der Seele brennt – *Die weite Sargassosee* –, mit dem sie noch viele Jahre ringen wird. Es ist der schwierigste Roman, da es darin um ihre erste unglückliche Liebe geht. Jean Rhys verausgabt sich lange mit dem zweiten Teil, in dem der geliebte Mann, Hugh, das Wort hat. »Diese Figur wird mich noch zerstören«, schreibt sie in ihr Tagebuch. Als der Roman 1966 endlich publiziert wird, ist er auf Anhieb ein großer Erfolg.

Jean ist auf den Ruhm nicht vorbereitet. Sie fürchtet sich vor den Journalisten, die sie interviewen, und vor den Studenten, die eine Arbeit über sie verfassen wollen. Sie versucht, sich zu verstecken, und würde am liebsten nur das tun, was sie schon immer getan hat: über die Wunden schreiben, die beim Zerbrechen ihrer ersten Liebe entstanden sind. Liebe ist in ihren Augen etwas Schreckliches, etwas, das man, wie sie schreibt, ersticht und in den Schmutz stößt und das anschließend blutig, schlammverkrustet und grauenhaft wiederaufersteht. Sie lehnt alle Einladungen ab und verabscheut das plötzliche Durcheinander und die vielen Intellektuellen, die sie neu entdecken. »Die anderen? Kenne ich nicht«, schimpft sie. »Für mich sind es wandelnde Bäume.«

Wenn sie guter Stimmung ist, kann sie auch eine zärtliche Gefährtin mit einer Vorliebe für Katzen, Blumen und Musik sein. Bis ins hohe Alter bleibt sie eitel, gestattet niemandem, sie ungeschminkt zu sehen, als seien Lidschatten und Kajalstift, mit denen sie ihre großen Augen betont, eine Verteidigungswaffe gegen die Welt. Sonia Orwell, die zweite Frau von George Orwell, erinnert sich an sie als »die einzige alte Frau mit echtem Sexappeal, der ich jemals begegnet bin«. Ein Freund beschreibt sie als »Sirene mit schräg stehenden Augen«. Als ihr zu Ohren kommt, dass ein Mann, der sie einmal galant zum Essen ausgeführt hat, gestorben ist, seufzt sie traurig: »Nun ist auch der letzte Liebhaber gegangen.« Und sobald sie auf Literatur zu sprechen kommt, kehrt sie in ihre Kindheitstage zurück, als die schwarze Gouvernante mit ihr schimpfte: »Wenn du weiter so viel liest, fallen dir noch die Augen aus den Höhlen und gaffen dich aus den Seiten an...« Doch im Grunde war genau das ihre Rettung. Es war das einzige Meer, auf dem sie – die sonst stets hilflos Dahintreibende – nicht den Kurs verlor. »Schreiben ist wie ein riesiger See«, sagte sie. »Es gibt große Flüsse, die in den See münden, wie Tolstoi oder Dostojewski. Und es gibt Bäche wie Jean Rhys. Ich bin nicht wichtig. Wichtig ist der See.«

Violet Trefusis

»Eine große, pittoreske Frau, die Whisky ohne Eis trank«, so beschrieb sie François Mitterrand, der sie als junger Mann in ihrer Villa dell'Ombrellino in der Toskana besuchte. Sie behauptete, Nachkommin der Medici und des englischen Königs Eduard VII. zu sein. Niemand weiß sicher, was wahr ist in ihrem Leben und was erfunden. Violet Trefusis war eine Fantastin, eine wilde Vagabundin, die sich unter ihren vornehmen, der Mode des englischen Adels entsprechenden Hüten und Straußenfedern versteckte.

Als sie 1894 geboren wird, bildet London das Zentrum der Welt. Ihre Mutter, die wunderschöne Alice Keppel, ist die Geliebte des Königs. Ihr Vater, ein bescheidener Mann, geht seinen Geschäften nach und schaut darüber hinweg. Es gibt ein Familienschloss in Schottland und – wie sich das für den britischen Adel gehört – ein paar exzentrische Verwandte, so zum Beispiel Tante Mary, die immer Kilts trägt und im Restaurant auf die Männertoilette geht. Schon als Kind liebt Violet Frankreich, wo sie mindestens die Hälfte des Jahres verbringt. Im Sommer reist sie mit der Mutter zum Baden nach Biarritz, während das Schiff Eduards VII. bereitsteht, um ihn zu seiner Geliebten zu bringen.

Sie ist zehn Jahre alt, als sie Vita Sackville-West kennenlernt, ein Mädchen aus ihren Kreisen, einsam und romantisch wie sie, mit einer spanischen Großmutter, einer Tänzerin namens Pepita. Für Violet ist es Liebe auf den ersten Blick, zu der sie sich mit 14 Jahren offen bekennt, indem sie ihr einen Ring schenkt: »Ich liebe Dich, Vita, weil ich so hart darum gekämpft habe, Dich zu gewinnen«, schreibt sie. »Ich liebe Dich, Vita, weil du mir nie den Ring zurückgegeben hast. Ich liebe Dich, weil Du nie in irgendeiner Sache nachgegeben hast; ich liebe Dich, weil Du niemals aufgibst. Ich liebe Dich wegen Deiner wunderbaren Intelligenz, Deiner literarischen Ambitionen, Deiner unbewussten (?) Koketterie. Ich liebe Dich, weil Du keinen Zweifel zu kennen scheinst! Ich liebe an Dir, was auch ich besitze: Phantasie, Sprachbegabung, Geschmack, Intuition und eine Menge anderer Dinge... Ich liebe Dich, Vita, weil ich in Deine Seele geschaut habe...«

Was wie die Laune eines jungen Mädchens erscheint, ist in Wahrheit von Dauer. Violet wird Vita für immer lieben und auf diese Weise Einzug in die Literaturgeschichte halten: als Liebhaberin Vitas, als Figur in Vitas Romanen und – aus Liebe zu Vita – auch als Schriftstellerin mit ihrem in französischer Sprache erschienenen autobiografischen Roman *Broderie anglaise, Das Erscheinen der Anne Lindell*, sowie schließlich als Inspirationsquelle für Virginia Woolf und ihren Roman *Orlando*. Violets gesamtes Leben ist – um es bildlich auszudrücken – ein Spiel konzentrischer Kreise auf einem vom Wind der Literatur gekräuselten, ziemlich britischen Tümpel.

Mit 18 Jahren tritt Violet, wie es der Tradition entspricht, ins gesellschaftliche Leben ein. Doch von Anfang an erweist sie sich bei der Suche nach einem geeigneten Ehemann als widerspenstig. Während Vita – inzwischen zu einer wahren Schönheit herangereift – dem Werben Harold Nicolsons nachgibt und mit ihm eine der Hochzeiten des Jahres feiert, vertreibt sich Violet die Zeit damit, eine Verlobung nach der anderen aufzulösen. Ein einziger Mann, der Dichter Julian Grenfell, hat es ihr wirklich angetan, weil er verführerisch ist und nicht die Absicht hat, sie zu heiraten. Doch Julian stirbt während des Ersten Weltkriegs an der Front, nachdem er einige Gedichte, darunter *Into Battle*, verfasst hat, mit denen er bekannt wird.

Aufmerksam verfolgt Violet das Eheleben Vitas, die schon bald zwei Söhne bekommt. Sie schreibt ihr mehrfach am Tag: »Ich kann ganz einfach nicht ohne einen gelegentlichen Blick auf strahlendes häusliches Glück auskommen […].« Schließlich lässt sie sich, eher aus Trotz, darauf ein, Denys Robert Trefusis, einen Offizier mit hellen Augen und stürmischer Vergangenheit, zu heiraten. Die Ehe ist von Anfang an unglücklich und endet mit dem frühzeitigen Tod des Ehemannes.

Die Liebe zwischen Violet und Vita ist sicher nicht die einzige homosexuelle Beziehung im England jener Zeit. Das Problem ist nur, dass Violet keine gesellschaftlichen Konventionen zu akzeptieren scheint. Sie verabscheut Lügen und beansprucht Vita ganz für sich. Sie schreibt ihr: »Oh, Mitja, komm fort, lass uns fliehen, Mitja Liebling – wenn es je zwei ganz und gar ursprüngliche Menschen gegeben haben sollte, dann sind ganz sicher wir es: Lass und fortgehen und die Welt und all ihre Verkommenheit und Hässlichkeit vergessen – lass uns all solche Dinge vergessen wie Züge, Tramways, Dienstboten und Straßen, Läden und Geld und Autos und Verantwortlichkeiten!« Sie schleppt sie auf eine Reise mit und hat als einziges Gepäck ein Poesiealbum dabei. Sie überredet sie, sich als Mann zu verkleiden und mit ihr im Hyde Park spazieren zu gehen. Sie will sie zur Trennung von ihrem Ehemann bewegen und führt sie mit immer neuen Vorschlägen in Versuchung: Frankreich,

Italien, Griechenland. Vitas Ehemann fürchtet und verabscheut sie. In einem seiner Briefe bezeichnet er sie als »wilde Orchidee und Inkarnation des Bösen«. Trotz der Bemühungen der beiden Familien, die Ausschweifungen zu vertuschen, weitet sich ihre Geschichte allmählich zum gesellschaftlichen Skandal aus.

Hin und wieder versucht Violet, die Gattin zu spielen, aber es gelingt ihr nicht. Mit ihrem Ehemann langweilt sie sich, aus den Salons würde sie am liebsten flüchten. Je länger sie lebe, so schreibt sie, desto weniger ähnele sie dem Rest der Menschheit. Sie kommt zu dem Schluss, ihr Vater müsse ein Faun, die Mutter eine Hexe gewesen sein. Alle ihre Gedanken gelten Vita, sie möchte mit ihr weit fortgehen. Jedes Mal scheint Vita kurz davor, sich darauf einzulassen, dann überlegt sie es sich anders und kehrt zurück zu Mann und Kindern. Als sie nachgibt und einwilligt, sich mit ihr einzuschiffen, holen die beiden Ehemänner sie eilig zurück. In den Londoner Salons spricht man über nichts anderes.

Schließlich bittet Vita sie, ihr nicht mehr zu schreiben. Die Mutter droht, ihr die finanzielle Unterstützung zu entziehen. Violet sitzt in der Falle. Es folgt ein Suizidversuch. Sie zieht sich nach Italien und später nach Frankreich zurück. Schließlich steht ihr eine deutlich ältere Frau, die Tochter des Erfinders der Nähmaschine, Prinzessin Polignac, geborene Winnaretta Singer, während ihrer einsamen Jahre bei. Die Prinzessin ist erklärte Lesbierin und 30 Jahre älter als sie. Sie nimmt sie unter ihre Fittiche. Gemeinsam mit ihr entdeckt Violet das intellektuelle Paris, Diaghilevs russische Ballettinszenierungen, die Musik Erik Saties. Vita hat sie nicht vergessen, bleibt ihr jedoch fern. Nur hin und wieder schickt sie ihr einen ihrer Romane, mit denen sie allmählich Erfolg hat und in denen oft von ihr die Rede ist.

Während des Krieges arbeitet Violet von London aus für den Sender La France Libre und erhält eine Auszeichnung von der Ehrenlegion. Nach dem Krieg erwirbt sie in dem südlich von Paris gelegenen Dorf Saint-Loup einen großen quadratischen Turm. Dort empfängt sie zahlreiche Freunde, geht mit ihnen im Garten spazieren und feiert wilde Nächte. Am Morgen raunt das Hausmädchen einem Gast, der seine Brille sucht, zu: »Wir haben die Brille von Monsieur im Bett von Madame gefunden.« Auch Cocteau, ihr geistiger Zwilling, gehört dazu, ebenso wie Max Jacob, der um ihre Hand anhält und sie ernsthaft in Versuchung führt. Sie schreibt Romane, wenn auch nicht mit derselben Ausdauer wie Vita. Lieber amüsiert sie sich und geht auf Reisen. Nach dem Tod der Eltern 1947 erbt sie die große, in den Hügeln vor Florenz gelegene Villa dell'Ombrellino, in der einst schon Galileo Galilei gelebt hat. Hier verbringt sie viel Zeit und empfängt Besuch von in der Toskana ansässigen Engländern, die wegen Violets Zuvorkommenheit und ihres weltgewandten Enthusiasmus den Ausspruch *Mrs Trefusis never refuses* prägen.

Wenn sie schreibt, erzählt sie die immer gleiche Geschichte: sie und Vita, Vita und sie, versehen mit neuen Namen, in verschiedenen Situationen. Manchmal treffen sie sich, in London oder Paris, und immer ist es, als sei es das erste Mal: »Was für eine gefährliche Frau du bist, Violet«, schreibt ihr Vita. »Ich glaube, es ist besser, wenn wir uns nicht mehr sehen. Lange Jahre haben wir uns zu intensiv geliebt und wir sollten nicht mit dem Feuer spielen.« Violet kennt dagegen keine Angst. Sie schlägt der Freundin sogar vor, gemeinsam einen Roman zu schreiben, um alles neu zu erfinden.

Sie überlebt Vita, die 1962 einem Tumorleiden erliegt, altert widerwillig und kämpft gegen den körperlichen Verfall. Stets äußerst elegant gekleidet und mit einem Spazierstock mit kunstvoll gearbeitetem Griff unterwegs, gibt sie sich immer mehr ihren Launen hin. 1972 stirbt sie in ihrer Villa dell'Ombrellino. Ein Jahr später entdeckt der Sohn von Vita und Harold, Nigel Nicolson, ihre von seiner Mutter heimlich aufbewahrten Briefe und beschließt, die Geschichte dieser stürmischen und unmöglichen Liebe in einem Buch, dem *Portrait einer Ehe*, zu erzählen. Viele Briten nehmen ihm das übel. Doch Violet wird zu dem, was sie immer hatte sein wollen: zu einer Figur einer großen Geschichte.

Elsa von Freytag-Loringhoven

»Sie rasierte sich den Kopf und lackierte ihren kahlen Schädel zinnoberrot. Dann stahl sie den Papierflor von der Tür eines Trauerhauses und machte sich daraus ein Kleid. [...] Sie drehte sich ein paar Mal herum, um ihren kahlen Schädel von allen Seiten zu präsentieren [...]. Dann riss sie den Flor mit einem Ruck herunter. ›Es ist besser, wenn ich nackt bin‹, sagte sie [...]«. Es ist das Jahr 1921, und die an den Umgang mit merkwürdigen Personen gewöhnte Margret Anderson, Verlegerin der Zeitschrift *The Little Review*, hat soeben die Bekanntschaft jener Frau gemacht, die zur extravagantesten all ihrer Mitarbeiter werden sollte: Elsa von Freytag-Loringhoven, auch bekannt unter dem Namen Baroness Elsa, gebürtige Deutsche und selbst erwählte Weltbürgerin, die als die erste Dadaistin Amerikas in die Geschichte eingeht.

Ihre Persönlichkeit ist schwer fassbar. Sie ist Exzentrikerin und Künstlerin, wobei die Grenzen hier fließend sind, denn für sie ist künstlerisches Schaffen gleichbedeutend mit dem Ausführen merkwürdiger Dinge. Als Bildhauerin und Dichterin erschafft sie aus Materialien, die sie auf der Straße aufliest, Skulpturen, die als frühzeitige Beispiele der Arte Povera gelten können, und traktiert in ihren experimentellen Gedichten die englische Sprache. Lange vor den Berliner Nihilisten hält sie sich Ratten als Haustiere, sie färbt sich die Haare grün, bevor Londoner Punks dies tun, sie kommt feministischen Kunstaktivistinnen zuvor, indem sie mit einem riesigen Plastikphallus auftritt, und erhebt noch vor Andy Warhol die Konservendose zum Kunstwerk. Ihr Meisterwerk, an dem sie ihr ganzes Leben lang feilt, ist jedoch in erster Linie ihre eigene Person, wobei ihre Performances – reinste Streetart, mit der sie einmal mehr ihrer Zeit voraus ist – per Definition zur ephemeren Kunst zählen und dazu bestimmt sind, mit dem Betrachter zu verschwinden.

Jeder ihrer Auftritte ist ein Ereignis. Sie näht sich ein batteriebetriebenes Lämpchen auf den Rücken ihres Korsetts – »Autos und Fahrräder haben Rücklichter. Warum nicht ich?« –, sie hängt sich einen Käfig mit Kanarienvogel um den Hals, klebt sich Briefmarken auf die Wangen. Teelöffel halten als Ohrringe her, Münzen werden zu Armbändern verarbeitet. Sogar Gemüse findet in ihren bizarren Kompositionen Verwendung. »Sie war die Erfinderin der Hosen mit Gemälden darauf. Ein absoluter Skandal«, erinnert sich eine Freundin. »Die Leute drehten sich auf der Straße um. Sie war ein Freigeist, eine Mischung aus Shakespeare und Jesus.« Diese von Man Ray fotografierte, von Ezra Pound besungene und von Theresa Bernstein porträtierte, aggressive und keine Grenzen kennende Frau, die sich stets auf dem schmalen Grat zwischen Kunst und Wahn bewegt – »Wir werden uns nicht auf die sieben Künste beschränken. Niemand hat bisher etwas über die Kunst des Wahnsinns gemacht« –, lässt einen nicht gleichgültig. William Carlos Williams, von ihren gewaltsamen Verführungsversuchen schockiert, bewundert und meidet sie gleichzeitig, Peggy Guggenheim unterstützt sie lange Zeit finanziell, Ernest Hemingway liegt wegen ihr im Streit mit seiner Pariser

Lieblingszeitschrift, Djuna Barnes unternimmt den vergeblichen Versuch, ihre Biografie zu schreiben.

Diese androgyne, auf Crossdressing spezialisierte, von zahllosen Liebhabern umringte und dennoch stets einsame Frau, die sich dreimal auf die unglaublichsten Ehen einlässt und sich den Namen Baroness Elsa gibt, stellt – in dem offenkundigen Versuch, ihre traumatischen Kindheitserlebnisse zu verarbeiten – das Geschlecht in den Mittelpunkt ihrer Kunst. Unter dem Geburtsnamen Elsa Hildegard Plötz kommt sie 1874 in der damals noch deutschen Hafenstadt Swinemünde zur Welt. Ihre Familie ist wohlhabend und sehr angesehen, birgt jedoch düstere Geheimnisse. Der Vater ist gewalttätig, die Mutter, eine bildhübsche, zarte Polin, wird darüber wahnsinnig, und Elsa, die stundenlang am Hafen sitzt und von Aufbruch träumt – »Ich wäre mit dem erstbesten Matrosen geflohen, der versucht hätte mich zu entführen in der Hoffnung, Indien und China zu sehen, aber dazu kam es nie« –, verlässt, sobald sie volljährig ist, das Elternhaus, wird vom Vater enterbt und steht vollkommen mittellos da.

Ihre künstlerische Laufbahn beginnt in Berlin, wo sie bei einer Tante wohnt, die zwar wenig Verständnis für sie aufbringt, sie aber trotz ihres skandalösen Verhaltens eine Weile erträgt. Rote Schuhe, rote Strümpfe, rote Röcke: So beginnt Elsa ihre Rebellion, ihre Existenz als »Bürgerschreck«, nicht im Geringsten dazu bereit, zum Opfer männlich dominierter Sexualität zu werden, sondern wild entschlossen, um jeden Preis die eigene Sexualität herauszukehren. Sie studiert Schauspielerei, nimmt unzählige Gelegenheitsarbeiten an, widmet sich vor allem ihrem Sexualleben und bringt damit ihre Laufbahn als Provokateurin ins Rollen. In einer Zeit, in der es bereits als unschicklich gilt, auch nur über weibliche Lust zu sprechen, stellt sie die eigene Lust in den Mittelpunkt. Sie arbeitet als Revuetänzerin, als Aktmodell in Ateliers, als Boulevardschauspielerin. Sie steigt mit allen möglichen Künstlern ins Bett und versetzt die auf derartige Unverfrorenheit nicht gefassten Männer in Angst und Schrecken.

Zwar ist sie nicht schön, wirkt aber mit ihrem androgynen Körper faszinierend, und kennt keinerlei Schamgefühl. Mit einem großen Panamahut und Monokel läuft sie herum und lässt sich auf keinen der Heiratsanträge ein, die der ein oder andere ihrer Liebhaber zu stellen wagt, denn sie selbst will den ersten Schritt vollziehen. Als Erstes führt sie den namhaften Architekten August Endell heim und verlässt ihn kurze Zeit später wieder, um sich gleich darauf an den blutjungen homosexuellen Studenten Felix Paul Greve heranzumachen, der 1904 ihr zweiter Ehemann wird. Mit ihm beschließt sie, in die Vereinigten Staaten zu gehen.

Das Unterfangen erweist sich von Anfang an als Katastrophe: Von Felix, der sich zunächst als Bauer in Kentucky versucht, verliert sich schließlich jegliche Spur, während Elsa anfängt, Gedichte zu schreiben, damit sie auf dem Land nicht vor Langeweile umkommt. Ihr Skandalroman *Fanny Essler*, in dem sie die Geheimnisse ihrer Kindheit lüftet, ist bereits veröffentlicht. Nun entdeckt sie die Dichtung für sich und damit die Möglichkeit, die Syntax zu sprengen. Von ihrem Mann in Kentucky im Stich gelassen – »Ich konnte kein Englisch, konnte gar nichts, war arrogant und alle hielten mich für verrückt«, erzählt sie Jahre später –, gelangt sie 1913 nach New York, wild entschlossen, zur Queen von Greenwich Village zu avancieren.

Doch dazu bedarf es eines Neuanfangs. Sie findet ihn in Form eines Adelstitels, den sie sich durch die Hochzeit mit dem verarmten deutschen Baron Leopold Karl Friedrich von

Freytag-Loringhoven verschafft, wobei sie ihm ihr wahres Alter – sie ist elf Jahre älter als er – verschweigt und auch, dass sie mit Felix verheiratet ist. Er ist im Begriff, nach Europa in den Krieg zu ziehen, und nimmt sich wenige Jahre später das Leben. Mit ihrer neuen Identität – als Baroness Elsa – fühlt sie sich gewappnet, New York zu erobern.

Sie arbeitet als Modell, wobei ihr der noch jugendliche Körper und die wundervollen schmalen Füße zugutekommen. Sie trägt Tanzschuhe, einen Pagenkopf à la Jeanne d'Arc und stets merkwürdige Kleidung. In der Künstlerkolonie des Lincoln Arcade Building lebt sie in einer unglaublichen Unordnung, umgeben von – wie sie selbst – immer hungrigen Hunden und Katzen sowie Bergen von *objects trouvés*: Schuhabsätze, Spielzeug, Knöpfe, alte Reifen und Metallschrott. Auf der Straße findet sie alles, was sie für ihre Kunst braucht. »Wenn du eine Dose auf der Straße siehst, halt an und warte, bis ein Lastwagen sie plattgefahren hat. Dann nimmst du sie für mich mit«, bittet sie eine Freundin – und sie tritt auf der Straße in immer neuen Aufmachungen in Erscheinung. Djuna Barnes, die in jenen Jahren ihre Bekanntschaft macht, erinnert sie an eine Geistererscheinung: »[...] ein historisches menschliches Notizbuch, in das all die Torheiten einer vergangenen Generation geschrieben sind.«

Ihre Kunst hat eine so persönliche Form, dass nicht jeder einen Zugang findet. Der Maler George Biddle beschreibt ihr Zimmer in New York folgendermaßen: »Ein Ort voller Metallteile, Autoreifen, Dosen und allen möglichen denkbaren Scheußlichkeiten, die in ihrer gequälten, äußerst feinen Wahrnehmung zu Dingen von großer Schönheit wurden«. Elsa drückt sich wie in einem Schrei aus, sie schert sich nicht um ihren Ruf und noch weniger um Geschäftliches. Das eklatanteste Beispiel hierfür liefert die Skulptur *Fountain*, das Pissoir, durch das Duchamp berühmt wurde und das höchstwahrscheinlich eigentlich auf Elsa zurückgeht.

Die Geschichte dürfte sich wahrscheinlich folgendermaßen zugetragen haben: Als die Vereinigten Staaten 1917 Elsas Herkunftsland den Krieg erklären, gerät sie außer sich und schickt der Society of Independent Artists – zum Zeichen des Protests – ein altes, auf dem Kopf stehendes Keramikpissoir mit der Aufschrift »R. Mutt«, vermutlich ein Verweis auf das deutsche Wort *Armut*. Es ist eine Kriegserklärung gegen den Krieg, ein Kunstobjekt, das Geschichte machen wird. Kaum hat sie dieses Zeichen gesetzt, vergisst sie es schon wieder. Erst nachdem Elsa, die Urheberin, und Alfred Stieglitz, der Fotograf, verstorben sind, besteht Duchamp nicht länger darauf, dieses Werk, das die Geburtsstunde des Dadaismus in New York kennzeichnet, als sein eigenes zu deklarieren. Duchamp räumt das in einem Brief an die Schwester ein, Wissenschaftler beharren in ihren Publikationen und Untersuchungen bereits seit Jahrzehnten darauf, doch für das breite Publikum bleibt das Werk nach wie vor mit dem Namen Duchamp verknüpft.

Wenn Elsa nicht gerade mit ihren »künstlerischen Streifzügen« beschäftigt ist, raucht sie aus einer großen chinesischen Meerschaumpfeife Marihuana, schreibt abgedrehte Gedichte oder fertigt verrückte Porträtcollagen von Freunden: Berenice Abbott mit Puderquaste, Marcel Duchamp mit drehendem Rad. Materiell hält sie sich kaum über Wasser. Wenn sie nicht mehr weiterweiß, greift sie auf das zurück, was sie »dezente Erpressung« nennt, und wendet sich mit der Androhung eines Skandals an die Familie des letzten Ehemanns oder eines ihrer Exgeliebten.

1923 geht sie zunächst nach Berlin, das unter der Wirtschaftskrise leidet, und später wie viele amerikanische Künstler nach Paris. Doch ihre ruhmreichen Zeiten sind vorbei. Einsam und mittellos wird sie zur Karikatur ihrer selbst. 1927 stirbt sie durch austretendes Gas in ihrer Küche. Ob es sich um Nachlässigkeit oder um Suizid handelt, wird man nie erfahren. Die Beerdigung ist ihrer Person würdig. Djuna Barnes, ihre Geliebte Thelma Wood und ihre Freundinnen, die zu dem Armenbegräbnis kommen, das sie durch eine Geldsammlung finanziert haben, können das Grab auf dem Friedhof Père-Lachaise nicht finden. Am Ende suchen sie sich eine Bar in Friedhofsnähe, um auf sie zu trinken.

Marguerite Duras

Die wichtigen Dinge in ihrem Leben hat sie in ihren Romanen beschrieben, die allesamt immer neue Variationen über das Thema der eigenen Person sind. Doch den Journalisten, die sie fragten, inwieweit ihre Romane autobiografisch seien, blies sie herausfordernd den Rauch ihrer Gauloises ins Gesicht und erwiderte: »Meine Lebensgeschichte existiert nicht.« Alles beginnt in Indochina, wo sie 1914 als Tochter eines Mathematiklehrers und einer Hauslehrerin zur Welt kommt. Ihre Kindheit steht im Zeichen von Gewalt. Der plötzliche Tod des Vaters, der rasende Schmerz der Mutter, die Armut und vor allem die Schläge, die Marguerite für die geringste Kleinigkeit einstecken muss, nicht nur von der Mutter, sondern auch von dem großen Bruder, der oftmals mit den Worten einschreitet: »Lass mich nur machen.«

Schon früh wird sie mit sexuellen Dingen konfrontiert, zunächst durch die Brüder und die vietnamesischen Hausangestellten und später, als sie wegen des Besuchs des Gymnasiums in die Stadt umzieht, durch ihre Vermieterin, die im Gegenzug von ihr verlangt, ihr zuzuschauen, wie sie sich selbst befriedigt. Als Marguerite in den Ferien während der Heimfahrt auf dem Fährboot einen reichen Chinesen kennenlernt, hat sie bereits jegliche Unschuld verloren. Als Erwachsene wird sie auf perfekte Weise jenes Spiel der ersten sexuellen Kontaktaufnahme schildern, das an jenem Tag begann. Ein reicher, aber asiatischer Mann und ein armes, aber weißes junges Mädchen. Und von Beginn an ist dort, mitten auf dem Fluss, das Geld der Motor der Lust. Er sitzt in einer schwarzen Limousine, sie lehnt an der Reling. »Wie alt bist du?«, fragt er sie auf Chinesisch. »Fünfzehn«, antwortet sie, in die Sonne blinzelnd. »Das ist nicht wahr«, entgegnet der Mann. Kurze Zeit später wartet er vor dem Schulgebäude auf sie. Die Mutter ermuntert sie, sich mit ihm zu treffen, sich von ihm Geld, viel Geld geben zu lassen, damit die Familie versorgt ist. Sie verkauft Marguerite buchstäblich. »Besser wäre es, du lässt dich nicht auf eine Heirat mit ihm ein«, sagt sie ihr. Auch wenn er reich ist, so bleibt er doch ein Chinese. Ihre Beziehung, die langen Autofahrten, die Kinobesuche sind eine langsame und stete verwirrende sexuelle Annäherung. Zwei Jahre lang geht das so, bis seine Familie ihn zum Bruch zwingt und eine hohe Summe zahlt, damit Marguerite und ihre Familie zurück in ihr Heimatland gehen.

Als sie 1931 mit 18 Jahren nach Frankreich kommt, ist sie anders als die jungen französischen Frauen. Sie lebt allein in Paris und schreibt sich an der Universität ein, weiß jedoch von Anfang an, dass sie schreiben will. Die Geschichten sprudeln unaufhaltsam aus ihr heraus. »Du brauchst mir nicht zuzuhören«, sagt sie zu einem ihrer Liebhaber. »Du kannst ruhig schlafen. Diese Geschichte zu erzählen, bedeutet für mich, sie später aufzuschreiben. Ich kann nicht anders.«

Sie praktiziert die freie Liebe, weiß nicht, was Treue ist. Ein Leben lang beharrt sie auf diesem, ihr in Liebesdingen eigenen anarchischen Zug: »Seit jeher habe ich alle Männer betrogen, mit denen ich zusammen war. Ich bin einfach gegangen. Das war meine Rettung«. Doch in einem von ihnen, dem feingeistigen Robert Antelme mit seiner kräftigen, bärenhaften Gestalt und den gutmütigen Augen, findet sie den Vater, der ihr stets gefehlt hat. Monatelang treffen sie sich. Dann, eines Tages, als er für den Einsatz gegen den Einmarsch der Deutschen bereitsteht, schickt sie ihm ein Telegramm: »Ich will dich heiraten. Komm nach Paris. Stop. Marguerite«. Sie heiraten am 23. September 1939 während einer seiner kurzen Urlaube, mit zwei Freunden als Trauzeugen. Erst später sollte Robert herausfinden, dass Marguerites Trauzeuge zu jenem Zeitpunkt auch ihr Liebhaber war.

Während des Krieges veröffentlicht Marguerite ihren ersten Roman und möchte unbedingt ein Kind bekommen – zwei Dinge, die gleichermaßen wichtig für sie sind. Die Mutterschaft ist in ihren Augen der einzige Weg, um sich von der eigenen katastrophalen Kindheit zu befreien. Die Geburt ist kompliziert und dauert Ewigkeiten. Das Kind kommt tot zur Welt. Dieser Zusammenfall von Geburt und Tod, die zurückbleibende Leere sind kaum zu ertragen. Sie habe kein Kind gehabt, sagt sie, nicht einmal eine Stunde lang. Es existiert für sie nur in der Vorstellung, denn sie durfte es nicht sehen. Deshalb bedrängt sie Robert, der es ein paar Minuten lang im Arm gehalten hat. Wie sahen die Augen aus? Wie der Mund? »Genau wie deine«, versichert er ihr immer wieder, es habe ihr ähnlich gesehen.

Wenige Monate später lernt Marguerite den jungen und gut aussehenden Dionys Mascolo kennen. Er wird ihr Liebhaber, aber sie macht ihn auch mit Robert bekannt, der in ihm von Anfang an einen Bruder sieht. So beginnt eine lang anhaltende Dreiecksbeziehung der Liebe und Freundschaft. Dionys verbringt seine Tage bei ihnen daheim, übernachtet aber nicht dort. Wenn sie Sex haben wollen, suchen sie, ihrem Wunsch entsprechend, ein Stundenhotel auf. »Marguerite hat mich gelehrt, dass körperliche Liebe eine Kunst ist«, erklärt Dionys später. Für alles andere dient Roberts und Marguerites Wohnung in der Rue Saint-Benoît, im Herzen von Saint-Germain-des-Prés, die allen Freunden stets offen steht. Marguerite bereitet ihre berühmten südostasiatischen Gerichte zu, trinkt viel, unterhält sich bis spät in die Nacht, dann lädt sie alle ein, bis zum nächsten Tag zu bleiben, und rollt die Schlafsäcke auf dem Boden aus.

1943 treten Robert und Dionys der Résistance bei, und Marguerite ist über alles informiert. Sie verstecken Flüchtige, nutzen die Wohnung, um Nachrichten zu koordinieren. Ein Stockwerk über ihnen wohnt Ramón Fernández, der mit den Nationalsozialisten kollaboriert, aber dennoch ein Freund ist. Marguerite übernimmt es, ihn zu warnen: »Ramón kam die Treppe herunter. Ich hielt ihn auf und sagte zu ihm: ›Ramón, wir gehören jetzt zur Résistance. Wir dürfen uns auf der Straße nicht mehr grüßen. Oder uns treffen. Oder telefonieren.‹« Selbst der Kampf gegen die Nationalsozialisten hat bei ihr etwas Anarchisches.

Im April 1944 wird Robert von der Gestapo verhaftet, und die Ereignisse nehmen eine dramatische Wendung. In den ersten Wochen, während er noch in Frankreich ist, setzt Marguerite alles daran, ihn freizubekommen. In der Hoffnung, ihn zu retten, lässt sie sich sogar auf ein entsetzliches Verführungsspiel mit einem französischen Funktionär ein. Sie kann nicht mehr essen, nicht mehr schlafen, kann sich nicht mehr auf Sex einlassen, auch wenn Dionys ihr immer zur Seite steht. Als Robert deportiert wird, glaubt sie, verrückt zu werden. Ihr Kopf kommt ihr vor wie »ein Geschwür«, sie träumt von seiner

Rückkehr und davon, mit ihm gemeinsam ans Meer zu fahren. Am 24. April 1945, als die Truppen der Alliierten Deutschland befreien, erreicht sie die Nachricht, dass Robert überlebt hat und im Lager von Dachau im Sterben liegt. Jede Stunde, die er länger fernab in jener Hölle verbringt, verringert seine Überlebenschancen. Man muss ihn sofort aus dem Lager herausschaffen.

So beginnt eine furchtbare und gleichzeitig wunderbare Geschichte. Dionys fährt gemeinsam mit einem Gefährten im Auto nach Deutschland, um den Mann abzuholen, der gleichzeitig sein bester Freund und der Ehemann seiner Geliebten ist. Illegal, als französischer Offizier verkleidet, schafft er ihn aus dem Lager, stützt ihn, da er zu schwach zum Laufen ist. Während der Autofahrt nach Paris hält er Robert, der ununterbrochen über die von ihm durchlebte Hölle spricht, in den Armen. Als sie zu Hause ankommen, ist Robert in einem derart desolaten Zustand, dass Marguerite ihn nicht wiedererkennt und vor Angst schreiend davonläuft. Er wiegt nur noch 35 Kilo und behält keine Nahrung bei sich. Er muss künstlich ernährt werden. Die Ärzte halten eine Rettung für unmöglich, doch Marguerite und Dionys pflegen ihn wochenlang, weichen nicht von seinem Krankenlager. Sie retten ihm buchstäblich das Leben, ermöglichen ihm die Rückkehr in die Welt und das Schreiben seines Buches *Das Menschengeschlecht*, eines der literarischen Meisterwerke zum Thema Deportation.

Eine Weile lang leben sie noch zu dritt zusammen. Erst 1946, als Marguerite schwanger wird, beschließt Robert, das Feld zu räumen und anderswo zu leben. Im April 1947 lassen sie sich scheiden, im Juni kommt Marguerites Sohn zur Welt. Jean, genannt Outa, ist ein kräftiges, fröhliches Kind, das Marguerites Leben auf den Kopf stellt. In ihrem Tagebuch beschreibt sie, wie sie den Kleinen stundenlang beobachtet. Eines Tages, während sie den Kinderwagen schiebt, hört sie einen kristallklaren Ton. Es ist der Wind, der sein Lachen an ihr Ohr trägt. Sie drückt ihm seine Stoffgiraffe in die Arme, um ihn erneut zum Lachen zu bringen, und steckt den Kopf in den Kinderwagen, um dieses Lachen, das Lachen ihres Kindes, besser zu hören. Jene Jahre sind die fruchtbarsten ihrer Karriere. Marguerite kümmert sich um Outa und den Haushalt, trifft gemeinsam mit Dionys Freunde, und am Abend schreibt sie. Sie trinkt zu viel, doch damals macht sich darüber noch niemand Gedanken.

Die Beziehung mit Dionys ist nicht einfach. Er hat andere Frauen und auch einen Sohn, von dem Marguerite nie etwas erfahren wird. 1956 verlässt sie ihn schließlich und stürzt sich in eine Affäre nach der anderen. Sie hat viele Liebschaften und schreibt viel, ohne genaue Pläne. »Wenn ich ein Buch beginne, breche ich zu einem Abenteuer auf«, sagt sie. Nach und nach findet sie zu ihrem eigenen, unverwechselbaren Stil: kurze Sätze, eigenwillige Syntax, perfekte Dialoge, eine zeitlose Epik der Liebe und des Schmerzes. Nach der Literatur entdeckt sie den Journalismus, dann das Theater und schließlich das Kino, das sie mit großartigen Filmen wie *Hiroshima mon amour* und *India Song* bereichert.

Immer häufiger trinkt sie auch allein. Ihr Trinkverhalten bekommt krankhafte Züge, nach und nach wendet sie sich von den anderen ab und fängt an, heimlich nachts zu trinken. Schließlich lässt sie sich für einen Entzug auf einen Klinikaufenthalt ein und bleibt zunächst trocken. Doch zehn Jahre später beginnt sie erneut. Sie trinkt billigen Supermarktwein, den sie kistenweise unter ihrem Bett lagert. Von ihren Freunden zieht sie sich immer weiter zurück, verlässt kaum noch ihr Haus auf dem Land. Sie erhält zahlreiche Briefe, die sie – einem stets nach Zuneigung suchenden Kind gleich – allesamt liest, aber niemals beantwortet.

1980 bekommt sie regelmäßig Post von einem jungen Mann aus Caen. Er heißt Yann und kennt all ihre Bücher und Filme auswendig. Während einer Vorführung von *India Song* im Filmarchiv ihrer Stadt tritt er mit den schlichten Worten »Ich bin's!« auf sie zu. Monate später, nachdem Marguerite aus dem Krankenhaus entlassen wird, wo sie, ohne dass irgendjemand davon wusste, beinahe ihr Leben gelassen hätte, schreibt sie ihm einen Brief und erzählt ihm alles, als sei er ihr einziger Vertrauter. Yann steigt in den Bus und fährt zu ihrem Haus aufs Land. Marguerite beobachtet aus dem Fenster, wie er den Garten durchquert, und zögert noch, ob sie ihm öffnen soll: »Man weiß nie, wie die Geschichte läuft, bevor sie geschrieben ist.«

Dieses äußerst merkwürdige Paar bleibt bis zum Schluss zusammen. Sie: winzig klein, vorzeitig gealtert und aufgedunsen vom Alkohol, er: hochgewachsen, jung und elegant. Mit seiner Hilfe schreibt Marguerite noch etliche Romane. Wenn ihre Hände zu stark zittern, lässt Yann sich von ihr diktieren. Auf diese Weise entsteht *Der Liebhaber,* das Buch, mit dem sie zu weltweiter Berühmtheit gelangt. Alles beginnt mit einem in einer Schublade aufgetauchten Foto von der Anfangsszene mit jenem armen Mädchen auf einer Fähre. Der Text wird eilig innerhalb von drei Monaten verfasst. Ein halbes Jahrhundert nach den tatsächlichen Ereignissen verwandelt Marguerite die schändliche Familiengeschichte in eine ausgefeilte erotische Erzählung. Sie erscheint 1984 und wird zu einem durchschlagenden Erfolg. Der Verlag hat nicht genug Papier, um all die von den Buchhändlern angeforderten Exemplare zu drucken. Bald folgen der Prix Goncourt, diverse Übersetzungen und die Verfilmung.

Sie selbst kümmert sich kaum noch um irgendetwas. Zurückgezogen lebt sie in ihrem Haus, trinkt und schreibt. Als sie 1996 im Sterben liegt, redet sie ohne Unterlass, und Yann notiert alles. So entsteht ihr letzter Text *C'est tout*. Unverblümt bis zum Schluss, spricht Marguerite von ihrem Tod. Wie sie es mit allem getan hat, erlebt sie ihn, indem sie davon erzählt: »Yann, ich bin noch hier. Ich muss fort. Ich weiß nicht mehr, wohin ich soll.«

Annemarie Schwarzenbach

Das ist die traurige und etwas unverständliche Geschichte einer jungen Frau, die alles hatte – Wohlstand, Charme, Talent – und die dennoch an jedem Tag ihres Lebens zutiefst unglücklich war, keine Erfüllung in der Liebe fand, gegen ihre Drogensucht ankämpfte und am Ende auf völlig absurde Weise, durch einen Sturz mit dem Fahrrad, ums Leben kam. Die 1908 geborene und 1942 verstorbene Schriftstellerin Annemarie Schwarzenbach blieb lange Zeit unbekannt, bis Mitte der 80er-Jahre ein Züricher Verleger ihre Bücher neu auflegte und so das Bild von der geplagten Autorin schuf.

Schon als junges Mädchen besaß sie die Gabe, alle, ob Männer oder Frauen, in den Bann zu schlagen. Roger Martin dankt ihr in einer Widmung für ihr »schönes Antlitz eines untröstlichen Engels«. Klaus Mann zitiert in seinen Tagebuchaufzeichnungen die Reaktion des Vaters bei dessen erster Begegnung mit Annemarie: »Merkwürdig, wenn Sie ein Junge wären, dann müssten Sie doch als ungewöhnlich hübsch gelten.« Carson McCullers verliebt sich auf den ersten Blick in sie und versucht vergeblich, sie zu erobern. Mit der ihr eigenen Traurigkeit eines gefallenen Erzengels bleibt sie stets unerreichbar, und als sie sich, vielleicht das einzige Mal in ihrem Leben, wirklich verliebt – in Erika Mann, die Tochter von Thomas

Mann – bleibt diese Liebe unerwidert. »Kein Zeuge – ich kann Klagerufe ausstoßen, ohne sie zum Gebet zu formen! – niemand versteht. […] Meine Einsamkeit ist vollkommen«, legt sie der Figur einer ihrer Erzählungen in den Mund.

Sie kommt in einer der wohlhabendsten und einflussreichsten Familien der Schweiz zur Welt. Ihr Vater ist Seidenfabrikant, die Mutter – Tochter der preisgekrönten Springreiterin Gräfin von Bismarck – stellt die wichtigste und gleichzeitig unheilvollste Figur im Leben Annemaries dar. Wunderschön und gebieterisch, beherrscht sie die Tochter, zwingt sie, sich als kleiner Page zu verkleiden, und nimmt sie mit, wenn sie sich mit ihren Liebhabern trifft. Eine Harpyie, bringt es Jahre später eine Freundin auf den Punkt.

Annemarie wächst auf dem großartigen Familienlandgut Bocken am Zürichsee auf. »Das Schloss«, wie es die Nachbarn nennen, ist von einem weitläufigen Wald umgeben, in dem sie und die drei Brüder nach Herzenslust spielen und toben können. Annemarie ist ein Wildfang und trägt am liebsten Hosen. Als sie eines Tages mit kurzen, die mageren Beine unbedeckt lassenden Seppelhosen in der Kirche erscheint, schmeißt der Pfarrer sie wegen anstößiger Kleidung hinaus. Zu ihren Lieblingsbeschäftigungen gehört es, freihändig mit dem Fahrrad bergab zu sausen. Schon als junges Mädchen entdeckt sie ihre Liebe zu Frauen, doch auch deswegen gerät sie mit der Mutter aneinander, die mit ihren Affären stets darauf bedacht ist, keinen Anstoß zu erregen, und die es nicht billigt, dass die Tochter ihr Sexualleben derart freizügig zur Schau stellt. Annemarie hat unzählige Liebschaften – von der Schriftstellerin und Motorradfahrerin Ruth Landshoff-Yorck bis hin zu der Journalistin Ursula von Hohenlohe, von der Sportfliegerin Maud Thyssen bis zur Baronin Margot von Opel –, ohne jemals echte

Erfüllung zu finden. Meist sind die Frauen älter als sie, eine Art unerreichbarer Mutterersatz.

Nach ihrem Geschichtsstudium an der Universität Zürich, wo die Kommilitonen sie, von ihrer Schönheit und Unnahbarkeit beeindruckt, mit »Königliche Hoheit« ansprechen, veröffentlicht Annemarie ihre ersten beiden Romane, erhält wohlwollende Kritiken und beginnt sich intensiv als Journalistin zu betätigen. In Berlin geht sie eine Beziehung mit Erika Mann ein, die ihr, ebenso wie deren Bruder Klaus, ein Leben lang Vertraute und Vorbild bleiben wird. Mit ihrem gewaltigen Vermögen unterstützt Annemarie die beiden, finanziert ihre Literaturzeitschriften und zahlt ihnen eine Zeit lang sogar monatlichen Unterhalt. Ihr Haus in Sils im Engadin steht den Geschwistern stets offen. In den 30er-Jahren bezieht Annemarie eindeutig politisch Stellung und vertieft damit den Graben zwischen ihr und der Familie. Während die Mutter bei sich daheim hohe Funktionäre des Nationalsozialismus empfängt, wird sie selbst zur Regimegegnerin.

Gemeinsam mit den Geschwistern Mann erlebt sie in Berlin die letzten wilden Jahre vor der Machtergreifung Hitlers: Homosexuellenpartys, die Premieren von Piscator und Brecht, die Auftritte Marlene Dietrichs. Mit ihrer Aura des verbannten Engels treibt sich Annemarie nächtelang in der Stadt herum und wühlt viele Herzen auf. Albrecht Haushofer, ein Freund der Familie, verliebt sich bis über beide Ohren in sie und hält vergeblich um ihre Hand an. Jahre später ist Albrecht an einem Attentatsversuch auf Hitler beteiligt und wird verhaftet. Während er auf sein Todesurteil wartet, verfasst er ein Gedicht für die bereits drei Jahre zuvor ums Leben gekommene Angebetete: »Ich liege still. In Ruhe schlägt mein Herz. Geblieben – ist ein Dank.«

Berlin hinterlässt ihr ein schweres Erbe: Morphin, die
»rasche Erleichterung«. Annemarie ist ständig im Drogenrausch oder betrunken. Sie bewegt sich in einer Wolke verzerrter Wahrnehmungen. Als sie mit dem Auto gegen eine
Straßenbahn prallt, kostet sie das beinahe das Leben. Nahezu
alles, was sie beginnt, entwickelt sich zur Tragödie. 1932 plant
sie gemeinsam mit den Geschwistern Mann und dem Freund
Richard Hallgarten eine Reise. Mit Annemaries neuem Mercedes wollen die vier nach Persien. Sie haben alles vorbereitet,
Sponsoren gefunden, Pressefotos mit Überzieher und Helm
geschossen und warten nur noch auf den Freund. Am Tag vor
der Abreise erreicht sie der Anruf eines Herrn, der kurz zuvor eine Nachricht von Richard erhalten hat: »Sehr geehrter
Herr Wachtmeister! Habe mich soeben erschossen. Bitte Frau
Thomas Mann in München benachrichtigen. Ergebenst R. H.«

Annemarie beschließt, dennoch zu fahren, allein. Sie durchquert die Türkei, Syrien, sie besucht die Ausgrabungsstätten in
Palästina, Moscheen und Bazare. Sie fotografiert alles, nimmt
jegliche Unbequemlichkeit in Kauf und macht sich haufenweise Notizen, die sie später zu dem Buch *Winter in Vorderasien* verarbeitet. In Persien verbringt sie in einer Grabungsstätte amerikanischer Archäologen einige Monate mit dem
Vermessen von Schädeln, dann schifft sie sich auf dem Kaspischen Meer ein, um über die Sowjetunion zurückzureisen. Ihr
Leben lang ist sie unermüdlich auf Reisen. Nach Italien, Finnland, Südfrankreich, ins Baltikum, nach Polen, Afrika und in
die Vereinigten Staaten.

Während eines zweiten Aufenthalts in Persien lernt sie
den ebenso wie sie homosexuellen französischen Diplomaten
Claude Clarac kennen, der um ihre Hand anhält. Zunächst zögert sie, beschließt dann aber, im Namen der sie verbindenden

Freundschaft und des Anscheins der Ehrbarkeit, den die Ehe allen beiden zu verleihen vermag, darauf einzugehen. Claude sei für die Ehe mit ihr »geeigneter […] als ein enorm fremdartiges, weil enorm männliches Wesen«, schreibt sie in einem Brief an Klaus Mann. Die Mutter ist nicht einverstanden, da der Auserwählte Franzose und obendrein Katholik ist, aber Annemarie kümmert sich nicht darum. Claude erwartet sie in Beirut mit dem Hochzeitsgeschenk, einem alten Buick, mit dem sie gemeinsam bis in den Iran reisen. Annemarie wird rasch klar, dass ihr das Leben als Diplomatengattin nicht liegt. Die Stimmung in Teheran bedrückt sie. Wegen ihres Morphinkonsums und des durch ihre Affäre mit der Tochter des türkischen Botschafters ausgelösten Skandals spielt sie in den abendländischen Kreisen der Stadt eine Außenseiterrolle. Nachdem ihr Versuch, sich wie eine ganz normale Ehefrau zu benehmen, gescheitert ist, kehrt Annemarie ein Jahr später zurück in die Schweiz.

Sie ist unglaublich dünn, wirkt erschöpft, hat den verschleierten Blick eines Morphinisten. In einer Klinik unternimmt sie den ersten von zahlreichen Entzugsversuchen, anschließend reist sie auf Einladung einer befreundeten Fotografin in die Vereinigten Staaten, um gemeinsam mit ihr eine Reportage über die amerikanischen Bergarbeiter im Allegheny County zu schreiben. »Kleidet euch unauffällig und wascht das Auto nicht zu oft«, lauten die letzten Ratschläge der Freunde vor ihrem Aufbruch. Auch ihre Landsmännin, die reisebegeisterte Ella Maillart, möchte sie gern als Gefährtin für eine Asienreise gewinnen. Als sie sie besuchen kommt, ist Annemarie in einem erschreckenden Gesundheitszustand, lässt sich jedoch begeistert auf ihren Vorschlag ein. Sie versucht, wieder zu Kräften zu gelangen, isst, geht wandern und Ski fahren, raucht weniger und schwört feierlich, kein Morphin mehr zu nehmen, ein Vorsatz, an den sie sich offenbar nicht allzu lange hält.

Eingepfercht zwischen Koffern und der Fotoausrüstung, fährt sie mit Ella unter zahlreichen Schwierigkeiten in ihrem Ford bis nach Afghanistan, wo sie viele hilfsbereite und offene Menschen kennenlernen, und weiter nach Indien, wo Annemarie beschließt, nach Europa zurückzukehren, und sich in Bombay einschifft. In dem ihr Jahre später gewidmeten Buch *Der bittere Weg* schreibt Ella Maillart: »Die Nachricht von deinem Tod traf mich wie eine Lüge, und meine Gedanken weilten von neuem bei dir. [...] Du kennst mein Herz, seine Bewunderung für deine Redlichkeit, und du weißt, wie unmöglich es ist, dich zu beschreiben. Mögen diese Seiten mir helfen, daran zu denken, dass nur dadurch, dass wir alles fordern, wir hoffen können, das Eine zu erlangen, ohne das, wie wir einst sagten, unser Leben nicht lebenswert wäre.«

Daheim, wohin sie inzwischen nur noch wegen der Entzugskuren zurückkehrt, begegnet sie der aus Deutschland geflüchteten Margot von Opel und willigt ein, ihr in die Vereinigten Staaten zu folgen, um ihr bei der Arbeit in dem Komitee für Flüchtlinge aus Deutschland zu helfen. Doch ein geregeltes Leben scheint für sie unmöglich zu sein. Sie plant neue Reisen, träumt von Alaska und der Mongolei. Ständig von innerer Unruhe erfüllt, braucht sie, wie sie sagt, »die Spannungen von außen«. »Vielleicht ist es wirklich so, dass ich unglücklich sein will«, schreibt sie über sich selbst.

Sie nimmt Drogen, trinkt Unmengen. Als sie nach einem Streit versucht, Margot im Bett zu erwürgen und sich anschließend das Leben zu nehmen, beschließen die Freunde, ihre Angehörigen zu benachrichtigen, die sie für einen Monat in eine Nervenheilanstalt einliefern. Ende 1941, während des

Zweiten Weltkriegs, unternimmt Annemarie ihre letzte Reise. Sie hat nichts organisiert, sondern legt auf dem Rückweg in die Schweiz einen Zwischenstopp in Lissabon ein und fasst dort den Entschluss, sich auf der »Colonial« in den französischsprachigen Kongo einzuschiffen, wo sie eine Zeit lang bleibt, ehe sie sich mit dem Ehemann in Marokko trifft. Eigentlich hatte sie vor, ihn um die Scheidung zu ersuchen, aber die gemeinsam verbrachten Tage, die nächtelangen Unterhaltungen sind so schön, dass sie es lieber sein lässt.

Zu Hause erwartet sie die Erbschaft der Großmutter. Mit dem Geld will sie den langjährigen Freunden Erika und Klaus Mann ein Haus im Engadin kaufen. Für den 17. September 1942 bestellt sie eine Kalesche, die sie zum Notar bringen soll, doch zuvor kommt eine Freundin mit dem Fahrrad bei ihr vorbei. Sie bietet ihr einen Tausch an: sie mit dem Fahrrad, die Freundin mit der Kalesche. Wie schon als Kind kann sie der Versuchung nicht widerstehen, freihändig den Berg hinabzusausen. Sie stürzt ungünstig und schlägt mit dem Kopf auf. Trotz sofortiger erster Hilfe bleibt sie drei Tage lang im Koma, und als sie wieder zu Bewusstsein gelangt, ist sie nicht in der Lage zu sprechen. Endlich hat die Mutter Macht über ihren Geist. Einen ganzen Monat lang wacht sie über den Todeskampf der Tochter. Am Tag ihres Todes schießt sie Dutzende Fotos von dem Leichnam und vernichtet alle Manuskripte, Briefe und Reiseaufzeichnungen. Niemand wird benachrichtigt, die Freunde können nicht an der Beerdigung teilnehmen. Annemarie stirbt einsam, und einsam wird sie im Engadin begraben. In ihren Büchern hat sie immer und immer wieder über die Liebe geschrieben, die in ihren Augen nicht Sklaverei bedeutet, sondern unseren edlen Wunsch verkörpert, die Welt zu begreifen.

Bibliografie

Zu Mina Loy
Roger L. Conover (Hg.), *The Lost Lunar Baedeker. Poems of Mina Loy*, New York 1997.

Zu Lydia Cabrera
Lydia Cabrera, *Die Geburt des Mondes. Schwarze Geschichten aus Kuba*, Frankfurt am Main 1999.

Zu Clarice Lispector
Benjamin Moser, *Clarice Lispector. Eine Biographie*, Frankfurt am Main 2013.
Clarice Lispector, *Nahe dem wilden Herzen*, [Schöffling & Co] Frankfurt am Main 2013 [in deutscher Übersetzung ursprünglich 1981 bei Suhrkamp erschienen].
Clarice Lispector, *Die Passion nach G. H.*, Frankfurt am Main 1990.

Zu Else Lasker-Schüler
Else Lasker-Schüler, *Mein Herz*, Frankfurt am Main 2006 [Erstausgabe 1912].
Else Lasker-Schüler, *Der Malik*, München ²1991 [Erstausgabe 1919].
Else Lasker-Schüler, *Briefe 1937–1940, Werke und Briefe. Kritische Ausgabe*, Band 10, Frankfurt am Main 2009.
Else Lasker-Schüler, *Briefe an Karl Kraus*, hg. von Astrid Gehlhoff-Claes, Köln und Berlin 1959.

Zu Pearl S. Buck
Pearl S. Buck, *Die gute Erde*, München 1958.
Pearl S. Buck, *Mein Leben, meine Welten. Biographie*, Bergisch Gladbach ³1988 [erste deutsche Ausgabe von 1954].

Pearl S. Buck, *Geliebtes unglückliches Kind...*, Wien und Hamburg 1952.

Zu Grace Metalious
Grace Metalious, *Die Leute von Peyton Place*, Hamburg 1961.

Zu Louise Bourgeois
Ulf Küster, *Louise Bourgeois*, Ostfildern 2011.

Zu Albertine Sarrazin
Albertine Sarrazin, *Astragalus*, Berlin 2013 [aus dem Französischen von Claudia Steinitz].
Albertine Sarrazin, *Der Astragal*, München 1966 [aus dem Französischen von Rolf und Hedda Soellner].
Albertine Sarrazin, *Stufen*, München 1970 [aus dem Französischen von Rolf und Hedda Soellner].

Zu Tove Jansson
Tuula Karjalainen, *Tove Jansson. Die Biografie*, Stuttgart 2014.

Zu Jean Rhys
Jean Rhys, *Die weite Sargassosee*, Frankfurt am Main 2015 [aus dem Englischen von Brigitte Walitzek].

Zu Violet Trefusis
Mitchell A. Leaska und John Philipps (Hg.), *»Trunken von deiner Schönheit«. Violet Trefusis an Vita Sackville-West*, Frankfurt am Main/Berlin 1995.
Nigel Nicolson, *Portrait einer Ehe. Harold Nicolson und Vita Sackville-West*, Frankfurt am Main 1990.

Zu Elsa von Freytag-Loringhoven
Irene Gammel, *Die Dada Baronesse. Das wilde Leben der Elsa von Freytag-Loringhoven*, Berlin 2003.

Zu Marguerite Duras
Marguerite Duras, *Der Liebhaber*, Frankfurt am Main 1985.

Marguerite Duras, *Der Schmerz*, München 1986.
Robert Antelme, *Das Menschengeschlecht*, München und Wien 1987.

Zu Annemarie Schwarzenbach
Annemarie Schwarzenbach, *Alle Wege sind offen. Die Reise nach Afghanistan 1939/1940*, Basel 2000.
Annemarie Schwarzenbach, *Das glückliche Tal*, Berlin 1991.
Ella Maillart, *Der bittere Weg. Mit Annemarie Schwarzenbach unterwegs nach Afghanistan*, Basel 2001.
Dominique Laure Miermont, *Annemarie Schwarzenbach. Eine beflügelte Ungeduld*, Zürich 2008.
Albrecht Haushofer, *Moabiter Sonette*, Berlin 1946.

Bildverzeichnis

S. 6 Foto: Archivio Gbb/Contrasto/Laif
S. 14 Foto: Courtesy of Denison University, Archives & Special Collections, Granville, Ohio
S. 22 Foto: Birdgeman Images
S. 32 Foto: Rue des Archives_Agip/Bridgeman Images
S. 44 Foto: Getty Images
S. 52 Foto: Agencia Literaria Carmen Balcells
S. 62 Foto: Bridgeman Images
S. 70 Foto: Mondadori Portfoli/Album
S. 78 Foto: AKG Images
S. 80 Foto: Bridgeman Images
S. 98 Foto: Bridgeman Images
S. 106 Foto: Getty Images
S. 116 Foto: Mondadori Archive/Leemage
S. 124 Foto: AKG Images
S. 134 Foto: Getty Images
S. 144 Foto: Bridgeman Images
S. 152 Foto: Archivio Gbb/Contrasto/Laif
S. 160 Foto: Bridgeman Images
S. 170 Foto: Rue des Archives_René Saint Paul/Bridgeman Images
S. 180 Foto: Mondadori Archive/Leemage

Der Verlag hat sich bemüht, alle Rechteinhaber ausfindig zu machen, verlagsüblich zu nennen und zu honorieren. Sollte uns dies im Einzelfall aufgrund des Zeitablaufs und der schlechten Quellenlage bedauerlicherweise einmal nicht möglich gewesen sein, werden wir begründete Ansprüche selbstverständlich erfüllen.